Christine Biró

Die Rache des Karpfens

Die Rache des Karpfens

Eine Kindheit in Siebenbürgen

von
Christine Biró

ATHENA-Verlag

Bibliografische Information der Deutschen Nationalbibliothek

Die Deutsche Nationalbibliothek verzeichnet diese Publikation in der Deutschen Nationalbibliografie; detaillierte bibliografische Daten sind im Internet über <http://dnb.d-nb.de> abrufbar.

1. Auflage 2024

Mellinghofer Straße 126, 46047 Oberhausen
www.athena-verlag.de

Umschlaggestaltung: Susanne Scharff

Druck und Bindung: Majuskel Medienproduktion GmbH, Wetzlar

Gedruckt auf alterungsbeständigem Papier

Printed in Germany

ISBN 978-3-7455-1184-0

Leben ist …
das langsame Ausatmen
der Vergangenheit und das
tiefe Einatmen der Gegenwart,
um genügend Luft für
die Zukunft zu haben.
(unbekannt)

Inhalt

Prolog

Das schrille Pfeifen der Dampflokomotive war schuld: Wie so oft, hatte es das schlafende Kind aus seinen Träumen gerissen. Hatte es erschreckt, um sich dann fauchend und schnaubend davonzumachen. Mehrmals am Tag wiederholte sich der Spuk am nahegelegenen Bahnhof, und auch des Nachts – vor allem dann kam das tosende Ungeheuer in Begleitung. Gefährliche Tiere und Monster eilten herbei, lungerten um das Kinderbett herum, drohten einzudringen. Diesmal waren es Wölfe, die aufheulten, mit jedem Pfiff der Lokomotive, und nun lauerten sie in den Ecken, unter dem Klavier – hinter dem Bett.

»Mama?«, wimmerte das Kind leise vor sich hin, um nicht bemerkt – ja nicht von den Wölfen entdeckt zu werden. Doch nichts tat sich. Die Tür blieb verschlossen, die Mutter kam nicht, es eilte auch sonst niemand herbei, um es zu retten, um es aus seinem Bettchen zu befreien.

»Mammaaa!« – brüllte das Kind nach einiger Zeit, wiederholte sein Rufen schrill und in allen Tonlagen, in endlosen Varianten, doch alles verhallte in den dicken Mauern. Dabei trennten nur wenige Schritte Mutter und Kind. Nebenan fand die Chorprobe statt, mit der Mutter als Chorleiterin, und so wenig der Gesang der Kirchengemeinde zum Kind vordringen konnte, so wenig war sein Rufen zu hören – alles wurde von den Wänden geschluckt.

Doch jetzt, in der Dämmerung, wuchsen die Schatten zu riesigen Ungeheuern heran, die Wölfe rückten bedrohlich nahe. Inzwischen schrie das Kind aus Leibeskräften, rüttelte an den Gitterstäben, starrte vergebens in Richtung Tür.

Nach einer Ewigkeit geschah es dann: Die Mutter tauchte auf, das Kind schien gerettet. Endlich nahm sie das erschöpfte Bündel auf den Arm, hinter ihr lauter fremde Gesichter – ihr Gefolge. Sie war gekommen …, und war doch nicht da.

Denn ihre Aufmerksamkeit gehörte weiterhin den anderen. Den Schwestern und Brüdern im Glauben, die sie noch verabschieden musste, und die sich jetzt abwechselnd über das Kind beugten, um es zu tätscheln – um es zu beruhigen. Aber das Kind war untröstlich.

Teil I

Armenierstadt 1960 – 1967

Dort – schräg gegenüber der Solomon-Kirche hatte alles angefangen …

Das Foto – ein unverhofftes Wiedersehen nach 53 Jahren, beim Stöbern aus dem Netz gefischt. Freudenschauer …

Der Blick, wie hypnotisiert, durchkämmt jedes Detail, will alles aufnehmen – aufsaugen – festhalten. Nicht, dass es wieder verschwindet, wie eine Fata Morgana.

Doch alles ist noch an Ort und Stelle: Stolz reckt die Kirche ihren Glockenturm zum Himmel, fast meint man, das Gurren der Tauben zu hören, die damals schon scharenweise hinter den verwitterten Fensterläden gehockt hatten. Auch der Kirchplatz ist noch der alte, stellt sie erleichtert fest, nur haben die Jahrzehnte weitere Löcher in den Asphalt gefressen. Das satte Gelb der stattlichen Barockfassade vis á vis, wo sich ihr allererstes Zuhause befand, ist inzwischen verblasst. Lediglich die weißen Pilaster legen Zeugnis ab vom einstigen Prunk des Eckgebäudes. Dort, im Schutz des schmiedeeisernen Ziergitters, großzügig zur Straße hin ausladend, saß sie wie auf einem Balkon. Von dort aus konnte sie die Welt betrachten, und dabei genießen – Walnüsse in Honig getaucht, bis die Bauchschmerzen kamen.

Ein mächtiges Bogentor in Grün hielt damals die Trutzburg verschlossen, hinter deren Festungsmauern sich die Weite eines Innenhofs öffnete, und mit ihr eine andere Welt. Ein buntes Potpourri an Gewächsen, die man von außen nicht einmal erahnte, kam zum Vorschein – Oleanderkübel und Geranien beherrschten den Hof, während das Kopfsteinpflaster das Kehren und Unkraut jäten erschwerte. An den Rändern duckten sich Reseda-Streifen in schüchternem weiß, atmeten den Hauch des Sommers, und doch roch es in den Ecken modrig und nach Katzenpisse.

Armenierstadt hieß der Ort, wo ich geboren wurde. Der 8. Dezember 1960 fiel auf einen Donnerstag, und die Stadt lag unter einer festen Schneedecke, als ich am Nachmittag um vier das Licht der Welt erblickte. Meine Geschwister – Esther, drei und Erhard fünf Jahre alt, eilten mit Klari, unserem Kindermädchen in die Poliklinik, um das Geschwisterkind zu begrüßen.

»So ein kleines Nichts?« – urteilte meine Schwester enttäuscht, als sie mich sah. Denn sie hatte sich eine Spielkameradin erhofft, eine, die sie gleich mit nach Hause nehmen würde, und so musste sie sich weiterhin mit ihrem Bruder begnügen, dem Erstgeborenen, mit dem sie sich unentwegt stritt.

Dort, hinter diesen Mauern wuchs das Kind heran. Tat seine ersten Schritte, brabbelte die ersten Wörter – ungarische und deutsche. Und folgte den Belehrungen der Mutter:

Sei brav und artig!

Beim Beten falten wir die Hände und knien nieder; die Augen bleiben geschlossen!

Während der Predigt wird stillgesessen.

Hände hinter den Rücken! – gefaltet.

So ist es brav. So gehört sich das für ein folgsames Kind.

Allem voran hatte es ein Vorbild zu sein. Gehorchen. Wie es auf der Grußkarte von Großtante Wilhelmine, die zu zum dritten Geburtstag eintraf, in fettgedruckten Lettern geschrieben stand: »Der Gehorsam«. Das Motto früher Kindertage. Darunter zu sehen ein kleines Mädchen, das mit einem Besen welke Blüten zusammenfegt, mit einer Schürze über dem Kleidchen und einer Riesenschleife im Haar. Eine Doppelgängerin? Auch das Kind trug stets eine Schürze über dem dunkelroten Kleidchen aus Samt, dem allerersten Sabbatkleid, wenn sie zum Gottesdienst gingen, und auch der weiße Propeller im Haar durfte nicht fehlen.

»Die Englein begleiten dich auf all' deinen Wegen, wenn du gehorsam bist« –, verhießen weiter die Zeilen der Tante auf der Rückseite der Karte, und das Kind fügte sich.

»Wenn die Mama das so möchte …« – wiederholte es seine Bereitschaft, zu erfüllen, was immer die Mutter verlangte. Und abends, wenn diese ein letztes Mal zum Zudecken kam, blieb das Kind regungslos liegen. Nicht, dass die Decke verrutschte … alles musste so bleiben! Genauso, wie es die Mama hergerichtet hat. Nichts war wichtiger, als sich die Zuwendung der Mutter zu sichern. Früh machte das Kind die Erfahrung, dass Gut und Böse, Belohnung und Bestrafung, nahe beieinanderlagen. Nichts würde ohne Folgen bleiben. Die tägliche Kinderandacht, die der Mutter besonders am Herzen lag, diente als Nährboden, und die Kinder folgten ihren leuchtenden Augen und ihren erzählenden Händen, während sie von wahr gewordenen Wundern berichtete. Von Moses, der im Weidenkörbchen auf dem Fluss trieb und gerettet wurde, von Jona, der im Bauch eines Wales überlebte. Lauter wundersame Ereignisse, die die Fantasie des Kindes anheizten. Und in einem Pfarrhaushalt, in dem die Bibel wie das tägliche Brot zum Alltag dazugehörte, musste man nicht lange nach Heiligen suchen; sie befanden sich in unmittelbarer Nähe.

Heilig – die Bedeutung dieses Wortes erschloss sich dem Kind nur vage, jedenfalls war es ein Ort oder ein Gegenstand – etwas, das größten Respekt einforderte. Wenn nicht, dann passierte auf der Stelle etwas unvorstellbar Schlimmes! Dass plötzlich der Blitz einschlug, dass etwas in Flammen aufging oder jemand zur Salzsäule erstarrte … Auf Ungehorsam folgte unweigerlich die Strafe. So muss es wohl auch den beiden Männern am Eingang der Solomon-Kirche ergangen sein, dachte das Mädchen, denn diese Körper wirkten wie erstarrt, so wie sie den Eingang tagein, tagaus bewachten. Dass es sich bei den Steinfiguren um Paulus und Petrus handelte, erfuhr es erst Jahre später. Immerzu schaute es beim Spielen zu ihnen hinauf und wartete darauf, einen Blick zu erhaschen, aber nichts tat sich. Nicht einmal, als es eines Tages bis zum vergitterten Eingang vorgedrungen war, um einen Blick hinein, ins Innere der Kirche zu wagen …

Der Kirchplatz war zugleich der Spielplatz, wo sie sich mit den Nachbarskindern trafen. Wo sie sich in zwei Lager aufteilten, die gegeneinander kämpften, sich im Winter mit Schneebällen und im Sommer mit Sandbällen bewarfen, was aber den Eltern gar nicht gefiel, denn meist endeten diese Spiele in Tränen und mit Strafen.

Und wenn ein heftiger Sommerregen die Schlaglöcher der Wohnstraße in kleine Seen verwandelte, ließen die Kinder ihre Papierschiffchen zu Wasser, bis diese aufgeweicht waren und kenterten. Dann kam ein anderes Spiel dran. Bis Schlag zwölf, bis die Glocken der Solomon-Kirche die Mittagszeit einläuteten, dann seid ihr wieder zuhause, so die Mutter, und auch die Nachbarskinder verschwanden in ihren Häusern.

Auf dem Kirchplatz, rechts von dem geteerten Stück, auf dem das Kind unzählige Runden mit dem Dreirad gedreht hatte, gab es noch etwas Geheimnisvolles zu entdecken. Ein großer rechteckiger Stein säumte den Platz, unweit vom Eingang zur Kirche, wo sie sich gerne niederließen, wann immer sie beim Spielen eine Pause einlegten. Der Stein schien uralt und absolut unbeweglich. Was sich wohl darunter verbarg? Das Kind und seine Geschwister rätselten, ob sich darunter eine Grabkammer befinden könnte, so wie auch beim gekreuzigten Jesus ein Stein das Grab verschlossen hielt. Ja, das könnte so sein … Überhaupt erschien es rätselhaft, was sich da hinten, im Innersten der Kirche befand. Das eckige Etwas?! Hatte es im Schein der Kerzen erblickt. Das müsste die Bundeslade sein. Die Bundeslade … Stand diese nicht im Allerheiligsten, und wurde von Engeln bewacht, doch jetzt – jetzt war alles so nahe. Oft genug hatte man vom Allerheiligsten in den Predigten des Vaters gehört, oder wenn die Großen aus der Bibel vorlasen.

Aber das Kind traute sich nicht weiter hinein, wie bis zum Eingang der Kirche, wo ihm ein fremder Geruch – der von Weihrauch entgegenkam und es daran erinnerte, dass es verbotenes Gelände betrat.

Eines Tages nahm das Mädchen all seinen Mut zusammen und schlich sich an den beiden Heiligen vorbei, die es jetzt von oben herab streng zu mustern schienen. Zumindest spürte es ihre Blicke auf sich, als es – vorbei am eisernen Gitterverschluss – plötzlich vor dem Haupteingang der Kirche stand und in die Dunkelheit spähte. Wie es dort hinten glitzerte und funkelte! Im Licht der Kerzen schienen alles Gold dieser Welt und alle Edelsteine in den schönsten Farben versammelt zu sein. Ganz anders als im Gebetshaus nebenan: Ein schmuckloser Raum, der genauso gut eine Wohnung hätte sein können. Wo der Vater samstags die Predigt hielt und die Mutter den Chor leitete.

Bis ganz nach hinten zu dringen, wo sie die Bundeslade vermutete, hätte sie sich nicht getraut. Deine Neugier wird dir eines Tages noch zum Verhängnis werden, – hallte die Stimme des Vaters in ihr nach, wie eine Prophezeiung, und rasch trat sie den Rückzug an. Heiligtümer durfte man niemals betreten. Mit dieser Rolle als Pastorentochter, die ihr von Geburt an übergestreift wurde wie eine zweite Haut, musste sie sich noch anfreunden. Dabei blieb so manche Frage auf der Strecke: Wieso konnte sich Traubensaft in das Blut Christi verwandeln, und salziges Teiggebäck zu seinem Fleisch? Rituale wie das heilige Abendmahl gaben dem Kind Rätsel auf. War ein Abendmahl in Vorbereitung, durfte niemand etwas anrühren. Der Vater sprach ein Gebet, und Blut und Fleisch, Traubensaft und Gebäck, waren auf einmal heilig. Man durfte nichts davon berühren. Wenig später erlebte es das Gegenteil. Dass, sobald die Zeremonie vorbei war, ebendiese verzehrt werden durften. Als Überreste verloren sie jegliche Zauberkraft.

Aber es gab da auch noch den Sabbat. Er gehörte ebenfalls in die Kategorie »heilig«. Insbesondere die Mutter rief an Freitagen, wenn es auf den Sabbat zuging, stets in Erinnerung, was im Alten Testament geschrieben stand, und forderte mit aller Strenge:

Gedenke des Sabbattages, dass du ihn heiligst (…) Am siebenten Tage sollst du keine Arbeit tun, auch nicht dein Sohn, deine Tochter, dein Knecht, deine Magd, dein Vieh, auch nicht dein Fremdling, der in deiner Stadt lebt.

Alle Hausregeln, die sie den Ruhetag betreffend selbst aufgestellt hatte, galten als unerschütterlich. Aber das Kind konnte nicht begreifen: Warum durfte man an diesem Tag nicht spielen – herumrennen? Kein Obst vom Baum pflücken? Auch durfte die Milch nicht aufkochen; darauf musste das Kindermädchen beim Erwärmen peinlich achten. Vielerlei Gebote und Verbote rankten sich um den Sabbat, von Anfang an, und so ging der heilige Ruhetag als der anstrengendste aller Wochentage in die Erinnerung des Kindes ein. Und nichts war ihm mehr heilig, als es später beschloss das für sich zu ändern.

Wo war sie? Wo war sie noch eben gerade? Ihre Sinne griffen nach den Bildern, den vagen Gestalten, doch sie waren fort. Etwas hatte sie dabei gestört – ein Geräusch? Bevor sie noch ihre Augen öffnen konnte, kitzelte etwas ihr Gesicht – ein Hauch von Rasierschaum drang in ihre Nase. Von Vati wachgeküsst zu werden, wie so oft, beseitigte alle Zweifel. Sie war in der Wohnküche, in ihrem Kinderbettchen, umgeben von all den Küchenmöbeln, die über Nacht zu Riesen herangewachsen waren, um sie zu beschützen – und nirgendwo anders.

Als würde sie immer noch schlafen, betrachtete sie ihn heimlich durch die halb geöffneten Augenlider, wie er dastand, vor dem Waschtisch; ein Badezimmer fehlte. Die strammen Oberarme über dem gerippten Unterhemd, die dunklen Haare in Wellen nach hinten gekämmt, der schwarze Schnurrbart einem Denkmal gleich. Nur sein Gesicht war jetzt weiß wie Schnee. Streifen für Streifen glitt der Rasierer über die weiße Landschaft, entfernte in geschickten Zügen das Unkraut, wie Vati manchmal dazu sagte, umsegelte behutsam den dicht gewachsenen Schnäuzer – der blieb stehen, der machte ihn unverwechselbar! Drumherum fielen die widerspenstigen, überstehenden Härchen der kleinen Bartschere zum Opfer. Es war immer die gleiche Prozedur. Jeden Morgen.

Gleich würde Vati – passend zur schwarzen Anzughose, die er trug, das weiße Nylonhemd überstreifen. Strahlend weiß und faltenfrei hing diese Erfindung der 60er auf einem Bügel an der Küchentür, und Mutter konnte aufatmen, das leidige Hemdenbügeln war nun passé. Während er Knopf für Knopf zumachte, sah das Kind im Spiegel, wie er ihm zulächelte.

»Na – gut geschlafen, Csibe?« Diesen Spitznamen hatte sie von ihm: Küken, auf Ungarisch. Küken deshalb, weil sie zwei ältere Geschwister hatte und das Nesthäkchen war. Sie reckte und streckte sich als Antwort, ja, sie habe bestens geschlafen, denn die Wohnküche war ihr allerliebster Ort. Dort spielte sich alles ab. Es war immer viel los, ein einziges Kommen und Gehen, vertraute und auch fremde Gesichter, und die Vielfalt an Gerüchen und Geräuschen bezeugten ihr, was am wichtigsten schien: Sie war nicht allein.

Wenn Wochenmarkt war, kamen Leute zu Besuch, völlig unerwartet klopfte es an der Tür und schon waren sie da, und dann ging es laut zu. Wer liegt im Krankenhaus und warum, ist die Operation gelungen, wann darf man hin. Besuchszeiten wurden genannt, gute Ratschläge entgegengenommen. Und es roch – je nachdem, wer da gerade da war – ganz eigen, stellte das Kind jedes Mal fest. Wenn rumänisch gesprochen wurde, handelte es sich fast immer um Männer mit Fellmützen, die einen Mantel aus Schafsfell trugen, mit bunten Stickereien auf der Außenseite, wobei das wärmende Fell nach innen gekehrt war. Die farbigen Stickereien gefielen dem Kind, nicht aber der Geruch, den solche Mäntel in der Wärme verströmten. Oft musste es die Luft anhalten – konnte es kaum ertragen. Seine Nase war launisch, beurteilte Menschen nach ihrem Geruch, und das geschah unwillkürlich. Es war schon zur Gewohnheit geworden, und das sehr zum Leidwesen der Eltern, die vor Peinlichkeit in den Boden versinken wollten, wie sie empört berichtet haben, sobald der Besuch gegangen war, denn es umkreiste und beschnüffelte die Leute wie ein Hund. Eine zwanghafte Gewohnheit; konnte diesem Drang seiner Sinne kaum widerstehen.

Ganz anders, wenn in seiner Nähe eine Damenhandtasche aufging und jemand mit einem Stofftaschentuch wedelte. Dann erhaschte das Kind den Duft von feinem Damenparfüm. So wie bei Tante Erzsike. Wenn jene Schwester des Vaters zu Besuch kam, verbreitete sie mit ihrer Erscheinung stets einen Hauch von Eleganz. Immer kam sie modisch gekleidet, trug Kostüme, wie es nur Filmschauspielerinnen tragen, spitze Schuhe mit zierlichen Absätzen und Strümpfe, die das Mädchen an Mutters Einkaufsnetz erinnert haben. Die feine Duftwolke, die sie umgab, war der von Veilchen, und schon klebte das Kind an ihr wie ein Magnet.

So manches Mal aber musste die niedliche Kleine – ach bist du groß gewachsen, lass dich mal ansehen, was hast du nur für ein schönes Kleid an! – anlässlich der Gottesdienste Umarmungen und Küsse ertragen. Von Jung und Alt, völlig unerwartet. Und nur schwerlich konnte sie sich diesen entziehen, wie auch den begleitenden Gerüchen, während sie als letzten Ausweg die Luft anhielt, und ihr dann schwarz vor Augen wurde. Hauptsache, es ging schnell vorbei.

Doch jetzt – jetzt roch es in der Wohnküche nach Feuer, wie jeden Morgen. Sie hörte es knistern im Gusseisenofen, Milch wurde warm gemacht. Der Duft von warmer Milch, vermischt mit dem von Seife und Rasierschaum – das war Geborgenheit. Brot mit Pflaumenmus gab es dazu, und der Tag konnte beginnen. Vati war schon am Gehen. Doch halt! Mutters Stimme mahnte:

Geh ohne Gebet und Gottes Wort, niemals aus deinem Hause fort!
Feri, holst du die Kinder? Wir müssen noch Andacht machen!

»Kommt Kinder kommet alle her, kommt stimmt ein Loblied an …« Die ersten Akkorde erklingen, sie thront an ihrem Flügel. Andacht muss sein, keiner verlässt ohne das Haus.

Nun noch die Kinderandacht, vorher wird nicht gespielt! Gespielt wird nur mit Seinesgleichen, ihr spielt nicht mit den Ungläubigen!

Das Kind quengelte, drängte nach draußen, zum Spielplatz. Sicher war Miki schon dort. Der kleine Freund wartete schon, drehte eine Runde nach der anderen mit seinem Dreirad auf dem Kirchplatz. Er war der Enkel des Kantors und das einzige Kind im gleichen Alter, mit dem es spielen durfte. Miki war großherzig. Immer wieder überließ er dem Mädchen sein Dreirad, es durfte damit fahren; nur das zählte. Der Fünfjährige wohnte direkt nebenan hinter dem schmiedeeisernen Zaun, der mit seinen gefährlichen Speerspitzen aus der rechten Seite der Kirchenwand herauszuwachsen schien und sich um einen saftig grünen Garten schlängelte, wo im Frühjahr der schönste Flieder blühte.

Doch jetzt stand Kinderandacht auf dem Programm.

»Danach könnt ihr meinetwegen spielen gehen«, versprach die Mutter. Sogar ihre Hausarbeit musste warten. Ein Kinderlied zu Beginn, ein Kinderlied zum Schluss – der Flügel täglich im Einsatz. Dazwischen eine Geschichte aus der Bibel, am Ende ein Gebet. Im Nu war der Vormittag rum.

Das langersehnte Danach. Doch wo war Miki? Der Kirchplatz war leer. Vom Fenster aus fahndete ihr Blick nach dem Jungen mit den blonden Haaren. Keine Spur. Miki hatte also doch nicht auf sie gewartet. Oder er konnte nicht. Oder er wurde zum Mittagessen gerufen. An allem war die Andacht schuld! Das ewige Singen – Beten – Geschichten lesen – all das hatte viel zu lange gedauert. Dabei hatte sie sich schon so auf Miki gefreut …

»Nächstes Mal bringst du ihn mit, zur Kinderandacht«, schlug die Mutter vor.

Wenn sie jetzt bloß ihr eigenes Dreirad hätte! – der Wunsch loderte in ihr wie Feuer. Sie träumte davon, wie sie eines Tages, zu ihrem Geburtstag, ein Dreirad auspacken würde … Ein rotes, glänzend lackiertes, mit schwarzen Rädern! Das hatte sie sich sehnlichst gewünscht. Mikis Dreirad war blau.

»Was tust du da?« – ertönte scharf die Stimme der Mutter hinter ihr, als sie eines Tages vor dem Kleiderschrank dabei erwischt wurde, wie sie die Stapel an Pullovern nacheinander durchwühlte, denn um ihren Geburtstag herum wurde sie immer ein wenig nervös. Sie suchte in sämtlichen Ecken und Winkeln der Wohnung nach ihrem Geschenk. Nur noch dreimal schlafen, dann zweimal. Selbst Klaris Beschwichtigungen halfen wenig gegen die Aufregung, die sie wiederholt ereilte.

Dann war es so weit. Aber das, was vor ihr lag, sah viel zu klein aus für ein Dreirad. Sie starrte auf das rechteckige Päckchen – ihr Geburtstagsgeschenk.

»Was ist, willst du es gar nicht auspacken?« – fragten Mutter und Vater abwechselnd, und auch ihr Blick.

Nein. Alles in ihr weigerte sich. Leugnete die Wahrheit, die vor ihr lag, aber noch zündelte ein Fünkchen Hoffnung in ihr. Da muss doch ein Dreirad drin sein! Könnte nicht … wie durch Zauberhand …, am Ende vielleicht in diesem Päckchen doch noch ein Dreirad stecken?

Sie saß wie versteinert da. Wieder nur Malblock und Buntstifte! Sie konnte es schon erahnen, anhand der Größe.

Immer musste es etwas Nützliches sein! Sie hatte es so satt. Ihre Enttäuschung verwandelte sich in Wut, und – ratsch! Unter unwilligen Händen riss das Papier, brachte Altgewohntes zum Vorschein, und einen Traum zum Platzen. Malblock und Buntstifte. Die ewige Wiederkehr. Sie hatte bereits ein Dutzend davon. Ihr Gesicht verfinsterte sich, ihre Hoffnung fiel ins Bodenlose.

»Jetzt freu dich doch!« – forderten Mutter und Vater das Unmögliche, vergeblich. Nur Klari fühlte ihren Schmerz. Der Stachel saß tief.

Einige Wochen später kam unverhofft Onkel Fodór zu Besuch. Ein älterer Pastor, ein Kollege und Freund des Vaters, den alle sehr schätzten. Hin und wieder schaute er vorbei, und die Kinder mochten ihn. Nicht nur der Süßigkeiten wegen, die er meist dabeihatte: Onkel Fodór legte immer ein gutes Wort für sie ein.

»Seid nicht so streng mit den Kindern!« – ermahnte er die Eltern, scheute es nicht, sich einzumischen. Er war der Meinung, die Kinder müssten mehr herumtollen, mehr spielen und ihre Kräfte messen dürfen.

An diesem Tag blieb er auf der steinernen Veranda wie angewurzelt stehen, die Hände in den Hosentaschen vergraben, und sein breites Lächeln weckte die Neugier des Kindes, das schüchtern an der Wohnungstür lehnte und wartete, was geschehen würde. Aber der Onkel trat keinen Schritt näher, und auch sein Grinsen schien wie festgefroren.

Aber dann …

Da war etwas …, direkt hinter ihm …

Ein Dreirad.

Wortlos trat der Onkel zur Seite und machte Platz für unermesslich großes Glück. Das Mädchen rannte los. Das Dreirad war blau, nicht rot, aber es gehörte ihm – ihm ganz allein.

> In der Strada Bariţiu Nummer zwei verbrachte ich meine ersten sieben Lebensjahre. Zu diesem Zeitpunkt war ich das jüngste von drei Kindern und gleichzeitig das Sorgenkind, denn ich war oft krank. Der Keuchhusten, der mich bereits mit acht Monaten ereilt und mich beinahe das Leben gekostet hatte, jagte meinen Eltern einen bleibenden Schrecken ein. Eines Nachts musste ich wiederbelebt werden, weil ich blau angelaufen war und leblos dalag. Damit schenkten mir meine Eltern ein zweites Mal das Leben. Aber die Schlüsse, die sie aus diesem dramatischen Ereignis zogen, waren für mich folgenschwer. Ab diesem Zeitpunkt wurde ich von allen Gefahrenquellen und Einflüssen ferngehalten, die weitere Krankheiten hätten bedeuten können. Als Einzige durfte ich nicht in den Kindergarten. Mir fehlten andere Kinder – Spielgefährten in meinem Alter, denn meine beiden Geschwister gingen bereits zur Schule. So blieben mir im Alltag hauptsächlich zwei Menschen: Miki, mein Sandkastenfreund und Klari, mein Kindermädchen.

Doch aller Vorsicht zum Trotz war es mit den Krankheiten noch lange nicht vorbei. Oft stritten sich die Eltern deswegen.

»Du hast das Kind viel zu warm angezogen! Siehst du nicht, wie es schwitzt?« – rügte der Vater die Mutter, die ständig um die Gesundheit ihrer Jüngsten besorgt war. Jeder Luftzug konnte schaden. Die Kälte im Winter, die Hitze im Sommer. Das Kind konnte noch so warm angezogen – noch so gut zugedeckt sein – Mützen und Kopftücher tragen zu jeder Jahreszeit, irgendein Bazillus bahnte sich am Ende doch seinen Weg und triumphierte. Auch witterte die Mutter überall Gefahren. Sie ließ das Kind nur ungern auf den Spielplatz, es könnte von der Schaukel fallen, sich etwas brechen. Rodeln, im Winter? Nur, wenn die Großen dabei waren, und bloß keine riskanten Abfahrten nehmen. Auf dem Schlitten hinterhergezogen werden, von den Großen, mehr war nicht drin.

Nahezu alles, was Spaß machte, wurde verboten. Irgendwann auch die leckeren Walnüsse mit Honig, denn ihr Genuss endete meist mit Bauchweh. Dann half nur der bittere Tee, den die Mutter aus Schafgarbe und anderen Heilkräutern zusammengebraut hatte.

»Dreh dich erst auf die eine, dann auf die andere Seite«, ordnete sie fachkundig die Rollkur an. Das Kind litt, trank freiwillig die bittere Brühe, aber die Krämpfe wollten nicht nachlassen. Der Arzt soll kommen, sagte die Mutter, sagte das Kind. Doktor Salak, der Hausarzt der Familie, wurde gerufen. Wie schon des Öfteren, holte er aus der Tiefe seines Werkzeugkoffers die gefürchtete, metallene Dose hervor, mit Ruhe und Bedacht reihte er seine Instrumente nebeneinander auf, die Spritze – die Nadel – das Gift. Dann begann er mit der immer gleichen Prozedur, bei der am Ende die Nadel siegte, und das Zittern des Kindes, das jetzt auf dem Bauch lag, den Höhepunkt erreichte. Gleich, gleich ist es vorbei! – hörte es von allen Seiten. Vom Doktor, der Mutter, vom Kindermädchen. Ein paar Tränen drängelten sich vor. Autsch! – aber dann war es auch schon vorbei, und gar nicht mehr so schlimm.

Bis zum nächsten Mal. Dann würde das Zittern von vorne beginnen.

Es war ein Souvenir aus frühen Kindertagen, diese Angst vor Spritzen und weißen Kitteln, es sollte das Kind noch lange begleiten. Die Mutter kannte jedoch eine Reihe wirksamer Hausmittel, so dass der Arzt nur im Notfall kommen musste. Bitterer Tee war ihre Spezialität, und bei Halsschmerzen legte sie Quarkwickel um den Hals ihrer Kinder. Das zieht die Entzündung raus, versicherte sie. Bei Husten gab es schwarzen Rettich gerieben, auf einem Löffel Honig, was scheußlich schmeckte, so dass das Kind sich beim Schlucken die Nase zuhielt. Hauptsache, es half. Und wenn sich Klari am Bügeleisen verbrannt hatte, mussten die saftigen Zweige der Aloe-Vera-Pflanze für Umschläge herhalten, die die Mutter eigens für solche Zwecke auf dem Fensterbrett heranzog.

Doch Kranksein hatte auch Vorteile. Dann durfte das Mädchen – zumindest tagsüber, im Ehebett der Eltern liegen, Bilderbücher betrachten und Märchenmotive aus Würfeln zusammenpuzzeln. Am liebsten mochte es den Wolf mit den sieben Geißlein: Jetzt, am helllichten Tage konnte es die Bestie aus seinen Albträumen endlich bestrafen. Sobald die Würfel zusammengefügt waren, der Wolf Gestalt annahm, musste der Bösewicht auf der Stelle vernichtet werden.

»Im Höllenfeuer sollst du schmoren!« – lautete das Urteil, und die Decke schwang hoch. Hujjj! – schon flog der Wolf – flogen die Würfel über die Bettdecke, Kopf Rumpf und Beine in Einzelteilen. Alles zerstückelt – zerstreut. Denn, wenn die Sonne schien, war es ganz einfach, sich im großen Bett wohlzufühlen, auch wenn keiner anwesend war. Der lichtdurchflutete Raum – ein geräumiges Eckzimmer, über dem sich ein Kreuzgratgewölbe spannte, beinahe sakral anmutend – blickte mit seinen Fenstern auf den Kirchplatz, auf der anderen Seite sah man in den Schulhof der Grundschule gegenüber. Das riesige Ehebett war raumgreifend mitsamt den beiden Nachtschränken, die ihm wie angewachsen schienen. Dazu zwei passende Kleiderschränke aus Kirschholz, die im Sonnenlicht in einem warmen Rotbraun erstrahlten. Die Frisierkommode mit dem Klappspiegel in der Mitte roch immer ein wenig nach dem Haaröl, mit dem sich die Mutter täglich ihre langen Haare glattgebürstet hatte, und sogar das große schwarze Piano war in dem einzigen Zimmer der Dienstwohnung der Pastorenfamilie untergekommen.

Das Kinderbett stand seitlich an der Wand, während am Fußende des Elternbettes sich eine Chaiselongue räkelte, auf der ein Schlafplatz für den Bruder eingerichtet war, während die Schwester zusammen mit dem Kindermädchen in der Wohnküche schliefen.

Der schwarzlackierte Flügel war ein Erbstück der Tante, bei der die Mutter einst Klavierspielen gelernt hatte, und ihr größter Schatz. Oft berichtete sie wehmütig aus dieser Zeit, und es war nur selbstverständlich, dass der Lack keinen Kratzer abbekommen durfte. Stets war der Flügel mit einer geblümten Tischdecke abgedeckt, beschwert mit einer wuchtigen Vase aus Glas, durchsichtig, in Zartrosa. Die Vase gefiel dem Mädchen, denn sie schien eine Geschichte zu erzählen. Zwei Frauen saßen links und rechts am Fuß der Vase, stützten mit ihren Händen die ovale Öffnung von unten ab, als könnte diese zusammenbrechen unter der Last der Blumen. Es war die einzige Vase im Haus, die das Kind je zu Gesicht bekam, aber zweifellos war sie die schönste. Auch wanderte der Blick des Kindes gerne zu dem Bild an der Wand mit den Betenden. Ein Motiv, das an die tägliche Andacht erinnerte. Zu sehen war ein abgeerntetes Stoppelfeld, darauf ein Mann und eine Frau mit geneigten Köpfen und zum Gebet gefalteten Händen. Später einmal sollte es noch mehr über das Gemälde erfahren, über das »Angelusgebet« von Millet.

Wesentlich bedeutsamer noch als das geräumige Zimmer war die angrenzende Wohnküche. Ein Treff- und Knotenpunkt für alle Geschehnisse. Wie der Marktplatz einer Stadt. Von hier aus nahm alles seinen Lauf. Besuch wurde empfangen und verabschiedet, familiäre Verhandlungen fanden dort statt, aber auch seelsorgerliche Gespräche. Gelegentlich wurde das Kind Zeuge, dass hier etwas Verbotenes vor sich ging. Immer, wenn der Vater Nachrichten hörte, Radio freies Europa, dann mussten alle mucksmäuschenstill sein. Er legte sein Ohr direkt auf den kreisrunden Lautsprecher des Radios, drehte den Ton ganz leise, für alle Fälle. Selbst die Wände hätten Ohren, behauptete der Vater, und niemals könne man sicher sein, ob nicht jemand mithört. Es fielen Worte wie »Securitate« und »Handlanger«.

Wohin man auch sah: In der Wohnküche war alles Grün. Es war die prägende Farbe der frühen Kinderjahre. Die Kredenz war grün, auch der große Esstisch mit den passenden sechs Stühlen dazu war im selben Grünton gestrichen. Hier, im Zentrum der Küche saß die Familie zu den Mahlzeiten, dazwischen wurden sämtliche Hausaufgaben dort erledigt und nicht zuletzt die Küchenarbeiten. Pfifferlinge wurden verlesen oder der frische Spinat, den die Mutter nach dem Dämpfen durch einen Fleischwolf gedreht hat, um es dann mit reichlich Knoblauch und frischem Sauerrahm zu servieren. Auch bot die große Tischplatte reichlich Platz, um Teig auszurollen, denn Mutter bestand darauf, Nudeln in Eigenarbeit herzustellen. Alle Speisen, ob süße oder herzhafte, verwandelten sich unter ihren Händen in köstliche Leckerbissen. Der Ruf ihrer einzigartigen Kochkünste eilte ihr voraus. Dementsprechend war der Küchentisch ständig belegt.

Passend zur Essgruppe für die Großen, gab es die kleine, für die Kleinen. Einen zwillingsgleichen Kindertisch mit vier Stühlen als Miniaturausgabe des großen Essplatzes, ebenfalls in Grün. Unerwarteter Besuch war schließlich an der Tagesordnung. Dann saßen die Kinder am Kindertisch, getrennt von den Großen.

In der Wohnküche hatte die Wand eine rechteckige Vertiefung, ausgestattet mit Regalbrettern, wo Lebensmittelvorräte lagerten, verdeckt durch einen Vorhang. War die Hausarbeit erledigt und die Küche aufgeräumt, wurde der Küchentisch mit einer grün-weißkarierten Tischdecke abgedeckt, auf dem ein Silbertablett mit einer Wasserkaraffe und sauberen Gläsern stand. In Erwartung der Fremden, die jederzeit eintreffen könnten. Dann bot man ein Glas Wasser an, hatte das Kind gelernt.

Klari …
Das Kindermädchen gehörte zur Familie dazu wie das gesamte Inventar. Nachts, wenn das Kind krank war und zu glühen begann, wickelte sie seine Waden in essiggetränkte Tücher, brachte etwas zu trinken, summte ein Schlaflied – legte sich zum Kind. Wenn es nottat, sogar auf den Boden, direkt vor das Kinderbett. So konnten sich große und kleine Hände begegnen, durch Gitterstäbe hindurch, und das Kind schlief selig ein. Nicht selten blieb Klari, »die treue Seele« – so wurde sie vom Vater genannt – die ganze Nacht auf dem Teppich liegen. Über dem Wohl des Kindes zu wachen war ihr wichtiger als ihr eigenes Bett.

Und wenn das Kind wieder wohlauf war, waren sie unzertrennlich. Unentwegt schwänzelte es um das Kindermädchen herum, folgte ihm auf Schritt und Tritt, hielt sich an Klaris bodenlangem Rock fest, um sie ja nicht zu verlieren. Verfolgte jeden ihrer Arbeitsschritte: Wie sie das schwere, gusseiserne Bügeleisen über die frisch gewaschene Wäsche gleiten ließ, wie sie das Wasser, Eimer für Eimer aus der Nachbarschaft heranschleppte. Fließendes Wasser gab es nicht in diesem jahrhundertealten Gemäuer aus der Zeit des Barock, offenbar konnten sich wohlhabende Armenier prunkvolle Stadthäuser mit Stuckverzierungen leisten, nicht jedoch Wasserleitungen.

An den Vormittagen wiederholte sich stets das Gleiche: Klari schürte das Feuer im Ofen, um das Mittagessen vorzubereiten. Als erstes briet sie Zwiebeln in einer gusseisernen Pfanne an. Der köstliche Duft lockte das Kind an. Klari konnte seine Gedanken erraten, tunkte ein Stück Brot in das brutzelnde Fett mit den Zwiebeln und reichte es dem Kind, das den Leckerbissen augenblicklich verschlang. Es wurde zur Gewohnheit.

»Du verhätschelst mir noch das Kind!« – mischte sich die Mutter ein, jedes Mal, wenn sie es mitbekam.

Das Kindermädchen ließ nichts unversucht. Hauptsache, es gelang ihr, etwas Nahrhaftes in das Kind hineinzubekommen, denn bei Tisch aß es wie ein Spatz, verweigerte nahezu jede Mahlzeit. Obwohl es täglich Suppe und »Zweites« gab, also genug zur Auswahl. Auch hatte das Mädchen den Trick mit den Löffelchen für Vati, und dem für Mutti, und dem für die gesamte Verwandtschaft schnell durchschaut, und streikte.

»Iss, damit du groß und stark wirst!«, – forderten die Großen vergeblich. Die Strumpfhosen schlugen Falten, schlackerten an den Beinchen. Fortlaufend war das Kind krank, fortlaufend machten sich die Eltern Sorgen. Der Keuchhusten …

An allem war diese heimtückische Krankheit schuld. Hatte von Anfang an das Kind geschwächt und damit seinen Appetit. Ein Teufelskreis war das. Denn abgesehen von weichgekochten Eiern mit gehackten Zwiebeln, oder von kleingewürfeltem Gänsespeck, hatte dem Kind nichts wirklich geschmeckt, und selten wurde der Teller leer.

Klari – mein Kindermädchen. Eigentlich war sie damals schon eine Frau im mittleren Alter. Ich liebte ihr faltiges Gesicht, die Spuren vergangener Jahre, die von Kummer und Sorgen zeugten. Aber nichts konnte die Güte überschatten, die aus dem sanften Grün ihrer Augen sprach. Nicht den liebevollen Blick, der wie die Sonne hinter den Wolken hervorschien, der alle Tränensäcke und Falten in den Schatten stellte. Ich erkannte diese Schönheit, die einzigartig war. Wahrhaftig und unentbehrlich.

Klari wählte diesen Beruf, für andere zu sorgen. Zunächst war es aus der Not geboren: Mit zwölf Jahren verlor sie den Vater und trat als Halbwaise ihre erste Stelle als Dienstmädchen an. So konnte sie ihre jüngeren Geschwister und ihre Mutter versorgen. Ab da wechselten die Haushalte, und mit ihnen die Kinder, die sie liebgewonnen und großgezogen hatte, als wären es die eigenen. Bis sie eines Tages auf unsere Familie traf. Auf Mutter, die gerade ihr erstes Kind bekam und mit dem Haushalt und den Aufgaben einer Pastorenfrau völlig überfordert war. Schnell wurde sie Teil der Familie und kehrte nur selten in ihr Heimatdorf zurück. Nur zwischendurch, für ein paar Tage, um nach der betagten Mutter und ihren Geschwistern zu sehen.

Ihr Äußeres war immer gleich. Sie trug die Tracht ihres Dorfes, auch wochentags. Eine Tracht, die als außergewöhnlich galt im ganzen Land, so dass man Leute aus Szék – so hieß ihr Heimatdorf – sofort an ihrer Aufmachung erkannte. Die Frauen trugen über einem bodenlangen weißen Unterrock einen ebenso langen Rock aus einem dunklen, kleingeblümten Stoff, der in akribischer Handarbeit – ganz fein, etwa kleinfingerbreit plissiert war. Auch die Schürze darüber war bodenlang und ebenso fein plissiert. Als Oberteil eine duftige weiße Bluse, mit einer reich verzierten Weste darüber, diese mit Samtapplikationen und Satin besetzt und überaus aufwändig bestickt. Die Weste war zweifellos das schmückende Element an dieser Tracht.

Über den Haaren trugen die Frauen ein dunkles Kopftuch mit bunten Blumenstickereien, das hinten im Nacken zusammengebunden wurde. Dagegen erkannte man Männer aus Szék schon von Weitem am leuchtenden Blau ihrer Westen mit den goldenen Knöpfen. Darunter blitzte das weiße Hemd mit den pludrig-weiten Ärmeln hervor das in einer schwarzen Wollhose steckte. Eng zulaufend, mündeten die Hosenbeine in kniehohen Lederstiefeln, die sommers wie winters getragen wurden.

Mir gefiel der Strohhut, der zu der Tracht gehörte und etwas Sonniges vermittelte. In der kalten Jahreszeit wurde diese gegen einen schwarzen Filzhut mit breiter Krempe eingetauscht.

Szék war zweifellos ein besonderer Ort. Mit Menschen, die eine besondere Tracht trugen. Einzigartig, wie meine Klari.

Die Tage flogen dahin – die Monate. Das Kind wuchs heran im Einerlei der Wochentage, bestimmt vom gleichbleibenden Rhythmus der Alltagspflichten seiner Eltern, so dass wenig Zeit übrigblieb, um als Familie etwas zu unternehmen. Während Bruder und Schwester in der Schule waren, das Kindermädchen mit der Hausarbeit beschäftigt und damit, die Mutter zufriedenzustellen, hatte das Kind oft Langeweile. Es saß am Küchentisch und malte.

»Los – raus mit dir, an die frische Luft!« Wann immer der Vater seine Büroarbeit unterbrach, schickte er das Kind vor die Tür. Er selbst auf dem Land aufgewachsen, hatte wenig Verständnis dafür, wenn sich Kinder länger in Innenräumen aufhielten. Aber auf dem Kopfsteinpflaster im Hof war Dreiradfahren unmöglich, und auf dem asphaltierten Gehweg entlang der Häuserreihe gegenüber ohne Begleitung riskant. Die großen Lastwägen … Die Mutter hatte stets Bedenken. Auch das Kind hatte die riesigen Brummer nicht gern. Hatte sie wie lästige Fliegen empfunden, denn die Fahrzeuge erinnerten an solche, wie sie grünblau schimmerten, mit dem Kühlerrost vorne als Maul. Wie sie den Staub aufwirbelten und Lärm machten und es am Spielen hinderten.

»Heute gehen wir in den Park« – sagte das Kindermädchen, und das Gesicht des Mädchens erstrahlte. In den Park! Zu den Schaukeln!

Es kann das Langersehnte kaum erwarten. Selten genug verlässt es die häusliche Umgebung, und auf diese Weise wird die Stadt noch lange ihr Geheimnis bewahren. Die Stadt mit der prunkvollen Kathedrale, die noch wenige Jahre zuvor lichterloh brannte, wie der große Bruder wiederholt erzählte. Die Stadt mit dem Gefängnis, dem gefürchteten, wie der Vater später berichten wird. Hinter dessen Mauern gefoltert wird, bis die Schreie verstummen …

Von all dem lässt sich der große Park im Zentrum der Stadt nichts anmerken, einladend die grünen Bänke, die seine Kieswege säumen.

Das Knirschen unter den Sandalen als Auftakt kleiner Freiheiten. Vergnügen löst Pflichten ab. Das Gurren der Tauben allgegenwärtig. Das grau gefiederte Volk meldet seine Vorherrschaft an. Nur an den Wochenenden, wenn die Arbeiterklasse ausschwärmt, sind es die lärmenden Menschen, die ihnen die Grünflächen abspenstig machen.

Aber das Kind interessiert sich nur für die Schaukeln – in Rot, Gelb und Blau. In den Farben der Trikolore blitzen sie hinter grünen Büschen hervor. Freudig rennt es auf die Rote zu, wann immer eine frei wird in seiner Lieblingsfarbe, das langersehnte Glück zum Greifen nahe, lässt sich in die Lüfte schwingen.

»Höher, höher!«, fordert das Kind, ist unerbittlich – unersättlich. Mit jedem Schwung wachsen ihm Flügel, die Reise hat schon begonnen. Mit geschlossenen Augen fliegt es immer höher und weiter, dem Himmel entgegen. Kein Gefühl dieser Welt kann schöner sein! Alles drum herum wird unbedeutend, schrumpft – bleibt zurück. Selbst das Gurren der Tauben verklingt, während es sich weiter und weiter entfernt ... Höher, immer höher! Die Schaukel, so kommt es ihm vor, schwingt niemals zurück.

Nur mit der Aussicht auf eine Kugel Eis lässt sich das Kind zum Absteigen überreden, der Rückweg verheißt neue Freuden. Was das Kindermädchen verspricht, wird eingehalten, und nach dem Eis säubert sie den verräterischen Schokoladenbart mit ihrem Taschentuch, indem sie es mit Spucke benetzt. Beseitigt die Spuren des Ungehorsams, denn Eisessen könnte Halsweh heraufbeschwören, würde die Mutter sagen. Das Geheimnis bleibt unter Verbündeten.

Das Kindermädchen hatte stets originelle Einfälle. Für die trüben Regentage, die sie drinnen verbrachten, hatte sie bereits vorgesorgt und eine Menge leerer Streichholzschachteln gesammelt.

»Daraus machen wir Puppenmöbel« – erklärte sie dem Kind und legte blaues Packpapier und Kleber zurecht, während die Streichholzschachteln, in Zweierreihe übereinandergestapelt darauf warteten, zusammengeklebt zu werden. Zum Schluss bekam die Schubladenkommode eine blaue Front aus Packpapier, und das

Kind kam aus dem Staunen nicht heraus. Neues Spielzeug! Klari konnte wahrlich zaubern. Mit leuchtenden Augen präsentierte es die Puppenmöbel dem Bruder und der Schwester. Gekaufte Spielsachen waren Mangelware.

Denn seitdem die einzige Puppe ihr Auge verlor, weil ein Zeigefinger es viel zu gründlich untersucht hatte, durften keine neuen Spielsachen mehr angeschafft werden, ordnete der Vater an. Einzig den vergilbten Teddy mit dem kaputten Bein, aus dem die Holzwolle herausquoll, und das Puzzle-Spiel, das es bei der letzten Mandelentzündung geschenkt bekam, konnte das Kind sein Eigen nennen.

Wie gerne hätte es mit anderen Kindern gespielt! Täglich stand es am Fenster, schaute sehnsüchtig zum Schulhof hinüber, und sobald die Pausenglocke ertönte und die Kinder nach draußen schwärmten, sah es ihnen beim Toben zu. Wenn es nur endlich die Schule besuchen könnte …

Ab und an entdeckte es in der Menge das Gesicht des Bruders oder der Schwester, winkte eifrig und rief ihren Namen, aber es wurde nicht gehört – nicht gesehen. Alle Bemühungen vergebens – alles blieb hinter dem Schleier des Vorhangs zurück. Noch schien ihre Zeit nicht gekommen.

Manchmal hatte es Glück. Wenn die Eltern zu Hausbesuchen aufbrachen, nahmen sie das Kind gelegentlich mit – dann durfte es mit den Kindern aus der Kirchengemeinde spielen. Doch wenn es dann später seine neuen Spielkameraden wiedersah, war es meist an einem Sabbat, und am Ruhetag war Spielen strengstens untersagt.

»Kinder, – wie könnt ihr nur den heiligen Sabbat übertreten? Ich habe euch Gott geweiht! Er war es, der mich aus dem Elend befreit hat. Ihm gilt mein Dank, solang ich lebe!«

Die Mutter klagte an. Sie hatten Gäste zu Tisch, und das Kind, seine Geschwister und die Kinder der Besucherfamilie hatten sich unter dem Esstisch versteckt, als wären sie in einer Höhle, während sich die Großen noch weiter unterhielten. Die Kirschkerne vom Kirschkompott, den es zum Nachtisch gab, hatten sie als Nahrung für die Puppen gesammelt und auf kleine Tassen verteilt. Für die Mutter galt das bereits als eine Übertretung des Sabbatgebotes: *»Ihr werdet schon noch sehen, wie die Rute heute Abend auf eurem Hintern tanzt«* – drohte sie die Strafe an, und die Angst begleitete die Kinder für den Rest des Tages. An solchen Abenden, wenn der Vater von seinem Dienst aus den umliegenden Gemeinden zurückgekehrt war, freute er sich besonders, seine Sprösslinge wiederzusehen. Aber die Berichte der Mutter trübten die Stimmung, der Ungehorsam und die angedrohte Strafe hingen im Raum, und meist endete alles in einem Ehestreit.

»Sei doch nicht wie die Pharisäer!« – hörte man den Vater empört sagen.

»Der Sabbat ist für den Menschen gemacht, und nicht umgekehrt.« In diesem Punkt gingen die Meinungen weit auseinander, der Vater teilte nicht die Strenge der Mutter, und schließlich gab er am Ende nach, um des Friedens willen, aber auch er »züchtigte« seine Kinder. Mal war es der Hosenriemen, mal die Rute – wie es viele Eltern damals taten.

Ansonsten war der Vater weit weniger streng. Er liebte nichts mehr als eine friedliche Atmosphäre, und immer leuchteten seine Augen vor Freude und Begeisterung, wenn er die Kinder um sich scharte. Und die Kinder liebten ihn und freuten sich, wenn er abends nach Hause kam. Stets haftete ihm der Benzingeruch des Zweitakters an, gehörte untrennbar zu ihm, und die Geschwister stritten sich meist darum, wer dem Vater beim Ausziehen der Motorradstiefel behilflich sein durfte. Das lief dann so ab: Während der Vater auf einem Hocker saß, stellte sich derjenige, der dran war, rücklings zu ihm, packte mit beiden Händen seinen Stiefel, klemmte diesen zwischen die Knie und wurde umgehend mit einem Fußtritt schwungvoll nach vorne befördert – mitsamt dem Stiefel. Jeden Abend dieselbe Prozedur. Es wurde zu einem beliebten, wiederkehrenden Begrüßungsritual, wie auch die Lederjacke und die Motorradbrille stets zu ihm gehörten.

»Wo bleibt Vati – warum ist er immer noch nicht da?«, quengelte das Kind an Abenden, an denen der Vater längst überfällig war, fragte wiederholt nach ihm und stellte die Geduld aller Anwesenden auf die Probe. Das Kindermädchen wusste Rat. Er sei schon fast da, erklärte sie, malte mit dem Finger eine Straße auf die Tischplatte, wo sich das Motorrad des Vaters vermutlich entlang schlängelte. Man könne ihn nicht sehen, weil so viele Häuser und Bäume ihn verdecken würden, war die Erklärung. Das konnte sich das Mädchen gut vorstellen, und das Ausharren hatte sich gelohnt. Schon bald darauf war das vertraute Knattern des Zweitakters in der Hofeinfahrt zu hören, und alle waren glücklich. Vati war wieder da! Allen Schutzengeln sei Dank.

Seitdem das Mädchen das goldgerahmte Bild mit dem Schutzengel darauf, der zwei Kinder über eine wackelige Brücke geleitet, bei der Großtante Mini hängen sah, glaubte es fest an solche Wesen. Inzwischen hing das gleiche Bild über dem eigenen Bett. So fühlte es sich geborgen und gut beschützt, das liebliche Motiv half beim Einschlafen.

Doch es gab noch weitere Begleiter in der unmittelbaren Umgebung der Familie, die sie bewachten. Jahre sollten vergehen, bis das Kind begreifen würde, wie sehr.

Es war an einem Donnerstagabend. Immer donnerstags wurden die Kinder gebadet, denn an Freitagen war die Zeit kostbar. Die Vorbereitungen auf den Sabbat – das Vorkochen der Speisen, Putzen und Aufräumen verschlangen jede freie Minute und kosteten der Mutter viel Kraft. Also wurde donnerstags die große Zinkwanne auf den Gusseisenofen gehievt, auf dem tagsüber gekocht wurde; sie passte gerade mal so der Länge nach drauf. Doch bis das kalte Brunnenwasser das Klari zuvor mühsam in Blecheimern herangeschleppt hatte, sich allmählich erwärmte, dauerte eine Ewigkeit. Für die wöchentliche Badeprozedur war Klaris Unterstützung gefragt, mehr denn je.

Frisch gebadet saß nun das Kind auf dem Elternbett, betrachtete selbstvergessen die bunte Zirkuswelt, die sich auf seinem hellgelben Pyjama auftat. Freundlich lächelnde Teddybären lugten hinter Zirkuszelten hervor, umgeben von Elefanten, die auf ihrem Rüssel bunte Bälle balancierten. Alle Aufmerksamkeit gehörte jetzt den farbenfrohen Figuren, während die Geschwisterkinder der Reihe nach gebadet wurden.

Doch auf einmal war es vorbei mit der Ruhe. Mutter und Klari kamen ins Zimmer gelaufen, liefen nervös auf und ab. Irgendetwas Aufregendes passierte gerade, soviel war klar. Getuschel. Dann löschte die Mutter das Licht und trat ans Fenster.

»Pssst!« – hörte man sie aus der Dunkelheit befehlen. Alle hielten inne, auch Bruder und Schwester blieben ruhig. Dem Kind wurde es im Dunkeln, wie immer, Angst und Bange. Es flüchtete zu Klari. Das Kindermädchen hob das Kind hoch und trug es herum. Jetzt, wo es drinnen wie draußen stockdunkel war, konnten sie es wagen, einmal aus dem Fenster zu blicken, in das tiefe Blau der Nacht. Im Schutz der Dunkelheit spähten sie hinaus, das Kind auf der Fensterbank. Auch die Mutter beugte sich vor. Und dann sah man sie … Zwei Männer in Uniform standen Spalier, links und rechts vom großen Bogentor, bewachten den Eingang. Die dunklen Gestalten trugen lange Mäntel und kniehohe Stiefel. Sie standen reglos da, als wären sie festgewachsen.

Was war geschehen? In Momenten wie diesen konnte das Kind nicht begreifen, was das alles zu bedeuten hatte. Nur spürte es die Anspannung der Großen, eine unmittelbare Bedrohung.

> Antworten auf meine Fragen bekam ich erst nach und nach, je älter ich wurde. An diesem einen Abend war nichts weiter vorgefallen. Nur, dass Mutter sagte, die Männer in den langen Mänteln kämen bestimmt wieder, und sie behielt Recht. Die uniformierten Schatten tauchten immer wieder auf – wichen uns nicht von der Seite, begleiteten uns tagein, tagaus. Und das nicht nur in nächtlicher Dunkelheit.
>
> Vater zählte nicht zu den Jasagern, die staatliche Einschränkungen und Auflagen stillschweigend hinnahmen.

Er ging in seinem Beruf auf – in seiner Berufung. Deshalb kamen die Männer in Uniform immer wieder. Sie holten ihn ab zum Verhör, und jedes Mal brach Mutter in Tränen aus, vor lauter Angst, ob sie ihn am Ende wieder freilassen würden. Sie betete und weinte, weinte und betete. Auch wir Kinder waren an solchen Tagen verstört, bangten um unseren Vater und hofften inständig, er würde wiederkommen. Denn Folterungen und Gefängnisstrafen würde allen zuteilwerden, früher oder später, die sich nicht ins politische System fügten, hieß es. Man hörte von fingierten Unfällen auf nächtlichen Straßen und anderen Grausamkeiten. Es war bittere Realität, keine Fantasie.

Vater, der aus voller Überzeugung seinem Beruf nachging, stand, wie er selbst sagte, meist mit einem Fuß im Gefängnis. Die Bedrohung richtete sich auch gegen uns als Familie, was wir auf unterschiedliche Weise zu spüren bekamen. Mit seiner aufrechten Haltung begab sich Vater auf eine Gratwanderung mit ungewissem Ausgang. Von seinen Gemeindegliedern geschätzt und geliebt, von der Geheimpolizei ständig überwacht und immer wieder bedroht. Getarnt als Zivilisten, wohnten die Funktionäre regelmäßig den Gottesdienst bei, und sie warteten nur darauf, Vater aufgrund seiner Aussagen in den Predigten, als einen Regimegegner überführen zu können.

Häufig fand das Mädchen die Mutter auf den Knien. Immer, wenn sich die Lage wieder einmal zugespitzt hatte und der Vater abgeholt wurde zum Verhör. Sie murmelte ihre Gebete fast lautlos vor sich hin, die Lippen formten unverständliche Worte, das Gesicht tränenüberströmt. Ihre zittrigen gefalteten Hände … Die ganze Gestalt wie zu Stein erstarrt, als wollte sie sich nie wieder erheben, sich der Wirklichkeit stellen.

In solchen Momenten schlich sich das Kind tonlos davon und wagte es nicht, die Mutter anzusprechen. Oft vergingen Stunden, bis diese wieder auftauchte und ihrer Hausarbeit nachging. Mit geröteten Augen und gesenktem Blick, ihre Traurigkeit vor sich hertragend wie ein Schild. An solchen Tagen tat man gut daran, sie in Ruhe zu lassen, ihr aus dem Weg zu gehen.

Überhaupt war die Mutter, trotz ihrer jungen Jahre, häufig von einer tiefen Trauer überrollt. Schon ein winziger Anlass reichte aus, wie der Ungehorsam der Kinder. Sie drohten ihr zu entgleiten. Dann begann sie zu singen, und sie sang immer das gleiche Lied, mit zittriger, weinerlicher Stimme. Bis sich ihr Trübsinn auf alles herabsenkte, wie der herbstliche Nebel, der alles einhüllt, der das Atmen erschwert …

»Wenn du noch eine Mutter hast, so danke Gott und sei zufrieden;
Nicht jedem auf dem Erdenrund, ist dieses große Glück beschieden …
Und hast du keine Mutter mehr,
Und kannst du sie nicht mehr beglücken,
So kannst du doch ihr frühes Grab
Mit frischen Blumenkränzen schmücken …«

Der Liedtext zeigte Wirkung, die Kinder hatten stets Tränen in den Augen. Sie versprachen, folgsam zu sein. Es dürfte niemals dazu kommen, dass die Mutter stirbt, ihres Ungehorsams wegen. Noch unter Tränen gelobten sie Besserung. Ein anderes Lied, das man von ihr häufig hörte, war »Mamatschi«. Das traf den Bruder besonders heftig, weil von einem Jungen die Rede war:

Es war einmal ein kleines Bübchen
Das bettelte so wunder süß
Mamatschi, schenke mir ein Pferdchen
ein Pferdchen wär' mein Paradies
(…)
Da eines Tages vor dem Tore
Da hielt ein herrliches Gespann
Vor einer bunten Kutsche standen

Vier Pferde, reich geschmückt und schön
Die holten ihm sein liebes Mütterlein (...)

Jedes Mal weinte der Bruder bitterlich, und nicht selten verfolgten ihn die finsteren Gestalten aus dem Liedtext, die ihm die Mutter nehmen wollten, bis in seine Träume hinein, so dass er schluchzend aufwachte.

Die Lieder – ein Fingerzeig. Ab da fürchteten die Kinder nichts mehr als den Tod der Mutter. Es durfte sich nicht wiederholen, was in der Vergangenheit geschah.

Die liebe Mama ...
Immer begann sie den Satz mit diesen Worten, wenn sie von ihrer eigenen Mutter sprach. Von der lieben Omama ... Wie klug und fleißig sie doch war, und dann so lange krank ... Fünf Jahre dauerte das Sterben. Meist lag sie im Bett, niemand konnte ihr helfen. Immer noch waberte das Gespenst des Todes herum – jetzt erklang es in ihren Liedern. Der Schmerz unüberhörbar – der frühe Verlust.

Umso größer war die Freude, wenn der Vater am Ende des Tages von seinem Verhör unversehrt zurückgekehrt war. Dann fiel die Mutter erneut auf die Knie, um zu danken, und es waren Freudentränen, die sie diesmal in Strömen vergoss.

Dafür wuchs der Vater in den Augen des Kindes immer mehr zu einem Helden heran. Ein Vater, der es immer wieder geschafft hatte, dem Feind zu entkommen. Der – und sei es mithilfe höherer Mächte – allen Gefahren trotzen konnte, alle Widrigkeiten überwand.

Nicht so der große Bruder, Erhard. Das Kind nannte ihn Ejado. Der Erstgeborene bekam es in der Schule voll ab. Vor allem, wenn er Sabbats dem Unterricht fernblieb. Die Behörden hatten es eine Weile geduldet, doch dann setzten sie die Eltern unter Druck, der Außenseiter würde in der Schulklasse für Unruhe sorgen, die Schüler machten bereits Stimmung gegen ihn.

Eines Tages kehrte Ejado mit hochrotem Kopf aus der Schule zurück. Aufgebracht, weil ihn Makka, das Nachbarmädchen, wegen des Sabbats vor den Mitschülern verspottet hatte.

»Geh, und bring ihr eine Tafel Schokolade!« schlug die Mutter vor. »Wir wollen nicht Gleiches mit Gleichem vergelten«, erinnerte sie an die christlichen Werte und an seine Rolle als Vorbild. Der Junge befolgte ihren Rat, wenn auch nur widerwillig, nahm die Schokolade und machte sich auf den Weg zu den Nachbarn.

Der Plan schien aufzugehen. Wenig später kehrte Ejado in Begleitung von Makka zurück, die Versöhnung war geglückt, und jetzt lud das Nachbarmädchen alle zu sich nach Hause zum Spielen ein.

»Meinetwegen« gab sich die Mutter großzügig, »aber bleibt nicht zu lange!« Nur diesen Umständen war es geschuldet, dass sie allesamt mit den Nachbarskindern spielen durften; mit den Ungläubigen. Dann rannten alle los, Makka hinterher, bevor die Mutter es sich noch anders überlegen würde. Und Ejado hatte schon wieder eine Neuigkeit zu verkünden und dabei rote Backen.

»Makka hat eine Schildkröte als Haustier«, rief er begeistert und außer Atem. Wenig später standen sie alle um das seltsame Tier herum. Es war ein Tier, wie sie es noch nie zuvor gesehen hatten. Sie bewunderten das schrumpelig-lederne Etwas, das sich in Zeitlupe bewegte. Langsam, aber ausdauernd, verfolgte es sein Ziel.

Es schien keinerlei Gefahr von diesem Lebewesen auszugehen, stellte das Kind fest, wie etwa von dem frechen Hahn, der es kürzlich in den Finger gezwickt hatte. Besonders der gemusterte Panzer, den die Schildkröte trug, hatte für großes Staunen gesorgt. Es ist noch gar nicht lange her, berichtete Makka, da wurde das Tier von einem Laster überrollt, aber es blieb unverletzt. Die harte Schale rettete ihm das Leben.

Mit großen Augen folgten die Kinder Makkas wundersamer Geschichte. Es gab sie also doch, diese Wunder. Sie passierten immer wieder, immer dann, wenn man am wenigsten damit gerechnet hat, dachte das Mädchen. Wunder blieben Wunder, etwas zum Herbeisehnen, nicht zum Einbestellen.

Ob Tiere auch einen Schutzengel haben, wollte das Kind später wissen, immer noch beeindruckt vom zähen Lebenswillen dieses Sonderlings, das ihm noch lange im Gedächtnis bleiben sollte.

Im Frühling, wenn die Akazienbäume vor dem Haus in voller Blütenpracht standen, war die Luft geschwängert vom satten Süß der Blüten, die man auch essen konnte. Alle Kinder in der Straße kannten diese kostenlose Delikatesse, und die Kleinen machten es den Großen nach, ungeachtet dessen, ob sich in den Blütendolden auch kleine Insekten aufhielten. Der süße Geschmack machte alles wett.

Bei geöffneten Fenstern konnten die jahrhundertealten Mauern einmal den Moder des langen Winters ausatmen – jetzt strömte süßer Honigduft herein, eroberte den ganzen Raum. Der Frühling lockte nach draußen – mit allen Mitteln. Mit milden Temperaturen und Vogelgezwitscher. Auch die Schwalben, die sich am Gesims der überdachten Steinveranda eingenistet hatten, waren von ihrer Winterreise zurückgekehrt und veranstalteten ein Begrüßungskonzert.

Wenn alles zum Leben erwachte, war ein Picknick im Grünen das, was die Familie am liebsten an Sonntagen unternahm. Der »Gyepes«, der Hausberg von Armenierstadt, der sich direkt hinter dem Bahnhof und nur einige hundert Meter in Luftlinie vom Haus entfernt befand, war leicht zu Fuß erreichbar. Zuvor musste man zahlreiche Stufen erklimmen, bevor man die Holzbrücke, die sich himmelhoch über alle Gleise spannte, überqueren konnte. Auf einmal waren die Waggons der Eisenbahn zu Miniaturen geschrumpft – klein wie eine Spielzeugbahn. Der Blick hinunter schwindelerregend.

Gleich nach der Brücke war der Hügel mit seinen saftigen Wiesen auch schon erreicht, und die Picknickdecke ausgebreitet und der Ball ausgepackt und der Korb mit den Leckereien, die die Mutter eigens für solche Ausflüge vorbereitet hat. Immer gab es zweierlei – Eierbrotaufstrich mit Majoran und einen Käseaufstrich mit Paprika und Kümmel. Letzteres schmeckte ihm nicht, das Kind fahndete nach jedem einzigen Kümmelsamen, um es an die Vögel zu verfüttern.

Frühlingszwiebeln, Tomaten und Gurken durften im Picknickkorb auch nicht fehlen, fand der Vater, und an der frischen Luft schmeckten alle Speisen doppelt gut.

Und dann lag man im Gras und war dem Himmel so nahe. Die Schäfchenwolken spielten mit der Sonne verstecken, ließen das lichte Gelb aufblitzen, um es dann für eine Weile wieder zu verdecken, und die Stunden verstrichen. Vater und Bruder versuchten, auf einem Grashalm zu pfeifen, saßen mit aufgeplusterten Backen da, den Halm zwischen beide Daumenballen gespannt, brachten jedoch nur klägliche, schiefe Töne hervor, wobei in unmittelbarer Nachbarschaft eine Grillenschar ihr Jahreskonzert zirpte.

Der Ball flog hin und her – von Vater zu Mutter – zum Kind. Doch wehe, er rollte den Berg hinab! Dann war das weißgetupfte Rund für immer verloren … Verschwunden in dem steilen, schwer zugänglichen Dickicht über den Gleisen.

An anderen Sonntagen, wenn die Eltern, mit den beiden großen Geschwistern zu Hausbesuchen aufgebrochen waren – wenn alle ausgeflogen waren, genoss das Mädchen die traute Zweisamkeit mit Klari. Nichts liebte es mehr, als mit dem Kindermädchen allein zu sein. Dann verwandelte sich diese in ein Pferd: Das Kind durfte auf seinem Rücken reiten, während Klari, auf allen Vieren durch die Wohnküche robbte. Sie hatten großen Spaß, denn jetzt war nichts mehr verboten. Alles, was ihnen in den Sinn kam, durfte stattfinden. So auch an diesem besagten Sonntag.

Die Küche war aufgeräumt, auf dem Tisch stand ein Teller mit frisch gebackenem Kuchen. Pferd und Reiter waren so sehr in ihr Spiel vertieft, dass sie die Gestalt, die urplötzlich vor der Küchentür stand, fast nicht bemerkt hatten. Eine ärmliche Frau, die betteln kam. Hatte sich Klari nur erschreckt, oder fühlte sie sich gar bedroht – rasch schlug sie ihr die Tür vor der Nase zu. Die Frau fing an zu schimpfen, wurde laut. Zeigte auf den Teller mit dem Kuchen und ließ sich nicht abwimmeln – versuchte einzudringen. Klari stemmte sich von innen gegen die Tür, die Frau drückte dagegen, von außen. Die Lage spitzte sich zu, als sich diese an einem Nagel der Scheibengardine verletzt hatte. Jetzt hielt sie ihre blutende Hand hoch, voller Zorn, alles schien außer Kontrolle zu geraten. Es war in Klaris Gesicht deutlich abzulesen.

Was war zu tun? Das Kind, kaum älter als vier, und dann fiel es ihm plötzlich ein. Es rannte los – ins Zimmer. Dort, vor dem Elternbett, wo sonst immer die Mutter kniete, fiel es auf die Knie und fing an zu beten. Ja, es bettelte um Hilfe! Und wurde erhört. Denn kurz darauf gab die Bettlerin auf und trat den Rückzug an. Den beiden steckte der Schrecken noch lange in den Knochen, aber es war das erste Mal, dass das Kind gebetet und erfahren hat: Beten half.

An einem heißen Sommertag im Juli 1965 stehen die Koffer gepackt im Flur, es soll nach Klausenburg gehen, die ganze Familie und das Kindermädchen im Reisefieber. Selten genug findet so ein Besuch bei Onkel Gottfried, dem jüngeren Bruder der Mutter, statt. Seine Frau Eva, die ungarische Tante mit den Mandelaugen ist Lehrerin und außergewöhnlich schön, denkt sich das Mädchen jedes Mal. Es freut sich auf ein Wiedersehen. Erinnert sich gerne an die Standuhr mit dem dumpfen Schlag, an die Wohnung mit den schweren Möbeln, dem Geruch von Möbelpolitur, dem Atem vergangener Zeiten. Alle Ablageflächen sind bevölkert von Porzellanfiguren, für immer auf kleine Inseln aus gehäkelter Spitze verbannt. Und bis es diese alle inspiziert haben wird, werden ihm bestimmt die Augen zufallen. Erschöpft von der Reise wird das Kind unter dem frisch gestärkten Weiß der Steppdecke zur Ruhe kommen und sich darüber wundern, wie schnell es wieder taghell geworden ist.

Diesmal wird der Familienbesuch bei den Nösners mit einer Untersuchung in der Poliklinik zusammenfallen, hatten die Eltern zuvor verkündet. Der Doktor will dir nur in den Hals schauen, hieß es beiläufig, und der Korridor, den sie jetzt mit Klari entlangschreitet, um dahin zu kommen, wo sie *nur* den Mund aufmachen soll, ist endlos lang. Viele weiße Kittel. Lauter ernste Gesichter. Füße setzen viele fleißige Schritte hintereinander, unbekannten Zielen entgegen. Es riecht streng. Der beißende Geruch erinnert sie an Spritzen, auch die Heerscharen in Weiß bedeuten nichts Gutes. Ihr Herz pocht schneller und schneller. Doch mit Klari an ihrer Seite wird es zu ertragen sein.

»Onkel Doktor wird dir nur in den Hals schauen«, – flüstert auch sie der Kleinen die Zauberformel zu, die ihre Zappeligkeit, den Aufruhr in ihr bannen soll, während sie ihre Hände und ihr Gesicht tiefer und tiefer in Klaris Seite vergräbt.

Dann ist es so weit, eine Tür geht auf, sie sollen eintreten und auf dem Stuhl da in der Mitte Platz nehmen, heißt es. Eine riesige Sonne taucht den Raum in gleißend helles Licht, und schon sitzt sie auf Klaris Schoß, sie beide wie auf einem Thron, aber sie will nicht, und die Gestalt im weißen Kittel, die sich jetzt auf sie zubewegt, wird immer größer und größer, die Schultern mit den dazugehörigen Armen, die Hände mit den flinken Fingern, denen allerlei fremde Gegenstände entwachsen, metallisch aufblitzen, während die riesigen Augen hinter der Brille sie zu beschwören versuchen. Das runde etwas, das an seiner Stirn haftet, verheißt nur Schmerz, und sie windet sich wie ein Aal und hört, wie er sagt, es hätte keinen Sinn, denn sie hielte ihren Mund verschlossen wie ein Grab.

Wenige Minuten und einige Beteuerungen später – sie bekäme nachher ein großes Eis, mit allem – ein zweiter Versuch. Diesmal nimmt sie eine Frau in Weiß auf den Schoß, nimmt ihre Arme gefangen wie ein Krake, drückt sie entschlossen an ihren Körper. Der Zyklop nähert sich ihr, der Onkel Doktor will dich nur untersuchen, hört sie erneut und gibt nach, während der Arzt sich wieder über sie beugt. Diesmal wird er gewinnen, denn sie kann nicht sehen, was er da tut, den Mund sperrangelweit offen, vertraut sie auf die magischen Worte und auf die große Portion Eis, während ein stechender Schmerz sich in ihre Kehle bohrt.

Sie hustet und hustet aus Leibeskräften, denn Schlucken war einmal, es muss raus – alles muss raus! Eine rote Fontäne feiert ihren Triumph, benetzt den weißen Kittel, erreicht das Zyklopenauge, während die Beine treten und strampeln und das Weite suchen.

Einzig die kann sie noch bewegen, und sie begreift, sie haben sie belogen, betrogen – alle! Dann sieht sie, was sie angerichtet hat, Blutspritzer überall, die Schale in der Hand der Schwester gefüllt bis zum Rand, darin ein roter See, und dann versinkt alles in einem willkommenen Dunkel …

Die Mandeln sind raus.

Es folgen Tage voller Schmerzen, mit Frösteln und Fieber und endlos viel blutiger Spucke, die nicht geschluckt werden kann – will, selbst die täglichen Eisportionen, verabreicht wie Medizin, bringen wenig Erleichterung. Auch die Mutter und die Schwester haben die Mandeln rausgekriegt, stellt sie voller Erstaunen nach dem Aufwachen fest, sie liegen links und rechts von ihr in ihrem Krankenbett, und auch sie leiden wie noch nie. Aber bald – schon bald dürfen sie entlassen werden, verspricht die Krankenschwester, und dann werden sie sich alle noch für ein paar Tage bei Onkel und Tante erholen.

In diesem Sommer sollte sich noch etwas anderes, Bedeutsames ereignen: Vater tauschte den Zweitakter gegen ein Motorrad mit Beiwagen ein, denn unsere fünfköpfige Familie brauchte dringend ein Fortbewegungsmittel. Und so wenig die Straßen Rumäniens damals asphaltiert waren, umso mehr Staub schluckten wir Kinder, eingepfercht zu dritt in dem kleinen Beiwagen. Den roten Ledersitz konnte man nach vorne klappen, dahinter ein winziger Stauraum fürs Gepäck. Wenn wir nur kurze Strecken – also bis zum Waldrand fuhren, um zu picknicken, fand der Hund dort Platz. Es war für das arme Tier kaum auszuhalten, es musste mit wenig Luft auskommen. Aber anschließend konnte es sich auf der Wiese umso mehr austoben.

Da ich die Kleinste war, saß ich während solcher Fahrten immer zuoberst, auf meinen beiden Geschwistern drauf. Eine Tortur war das! Zum Glück beschränkte sich Vater auf kürzere Fahrten mit der ganzen Familie. Nur ein einziges Mal fuhren wir zu den Großeltern nach Torboszló, in Vaters Heimatdorf, das 35 Kilometer von Armenierstadt entfernt war. Aber die Fahrt zog sich endlos in die Länge – es war schier unerträglich. Trotz allem ließen wir Kinder uns jedes Mal mit Begeisterung auf dieses Abenteuer ein. Auf das Ruckeln und Schaukeln in der kleinen Nussschale, was anfangs noch Spaß machte. Doch weil mir regelmäßig übel wurde, mussten wir immer wieder anhalten. Es war eine einzige Geduldsprobe bis zum Ziel. Nur wenn wir zu Großvater nach Reen fuhren, nahmen wir den Zug.

Heute könnte sie es gar nicht mehr genau sagen: Waren es Libellen oder Schmetterlinge? Nur, dass sie allesamt lila waren. Hell- und dunkellila. Eine ganze Schar hatte sich auf ihrem Schoß niedergelassen, sie konnte sie kaum alle zählen. Sie berührte ihre Flügel mit den Fingern, aber sie flogen nicht davon. Die Flügel – sie bewegten sich nicht einmal! Zartlila waren sie, beinahe hellblau, das Waschmittel hatte sein Übriges getan, und doch war sie stolz auf ihr Sommerkleid – auf ihr Einziges. Ihre Schwester Pipi trug an diesem Tag das gleiche Kleid mit den gleichen Schmetterlingen darauf, und wäre diese nicht größer und älter gewesen, man hätte sie glatt für Zwillingsschwestern halten können.

Es war Sonntag, ein ganz besonderer Tag. Und das nicht nur, weil sie verreisen würden – sie trug das gleiche Kleid wie ihre große Schwester. Hatte sie jemals zuvor das gleiche Kleid zur gleichen Zeit besessen? Nicht, dass sie sich daran erinnern könnte. Immer musste sie die abgetragenen Sachen ihrer Schwester auftragen, selten bekam sie neue, eigene.

Nur dieses eine Mal hatte das Schicksal – oder sagen wir, der Umstand ihrer Ferienreise, es gut mit ihr gemeint. Denn die Mutter legte großen Wert auf Äußerlichkeiten – ihr müsst ein Vorbild sein, pflegte sie täglich mindestens einmal zu sagen. Das war wohl auch der Grund, warum sie im Sommer davor ins einzige Kaufhaus der Stadt geeilt war – Sommerkleider für ihre Töchter.

Dort hingen in jeder Saison höchstens zwei Kleidermodelle, variiert in bestenfalls drei Farbmustern. Keine schwere Entscheidung – dem Sozialismus sei Dank! Sie musste also nicht lange suchen, nicht lange überlegen, welches Motiv zu welchem Gesicht passen könnte. Die allseits herrschende Gleichförmigkeit hatte auch den Alltag uniformiert – das gesamte Vaterland.

So hingen die Kleider der Mädchen gebügelt und gestärkt im Schrank, von Sommer zu Sommer. Bis es wieder so weit war, die Reise zum Großvater nach Reen anzutreten. Am Inneren der Schranktür hingen – ebenfalls gebügelt und gestärkt, mehrere, etwa zehn Zentimeter breite Stoffschleifen in Weiß und Rosa. Eines fand sich wenig später als »Propeller« auf ihrem Kopf wieder.

»Autsch« – schrie sie auf, zuckte von Mal zu Mal zusammen, wenn sich die Haarbürste in ihren Haaren verfing. Sie saß auf dem Küchenhocker, wie immer, wenn Klari sie frisierte. Jetzt war sie ganz in ihre Schmetterlingssammlung vertieft, während das Kindermädchen mit den Knoten in ihren Locken kämpfte. Und sie mit den Tränen.

»Wer schön sein will, muss leiden!« – hörte sie die vertraute Stimme hinter sich sagen, Klari ermahnte sie mindestens einmal am Tag. Keinen Tag möchte sie sie missen, und keine Nacht. Sie ist Mutter, Freundin – Verbündete. Ihre engste Vertraute, seit sie denken kann. Und sie ist ihr ein und alles.

Der Satz mit dem Schönsein und dem leiden müssen hat sich tief in ihr Gedächtnis eingegraben, vermutlich für immer. Jedenfalls ist an diesem Sommertag ihr kindlicher Stolz erwacht, sie wollte ihrer Schwester, der Großen, in nichts nachstehen, nahm die Quälerei beim Kämmen willig in Kauf.

Schließlich war auch die Mutter bestrebt, ihre beiden Töchter dem Vater »ordentlich« zu präsentieren. Dem Großvater Sepp, der von Beruf Uhrmacher war, und der sie alljährlich in den Sommerferien empfing, in dem schönen Haus mit den grünen Fensterläden und dem großen Blumengarten davor.

Großtata.
Alle Leute in Sächsisch Reen begrüßen ihn mit gezogenem Hut, und wenn sie am Bahnhof ankommen werden, hat er bereits den Fiaker bestellt, in Erwartung der Reisenden. Sie freut sich jedes Mal auf die Kutschfahrt, auf das rhythmische Klappern der Hufen auf dem Kopfsteinpflaster, auf das Ruckeln und Schaukeln der Kutsche, den ganzen Weg entlang, den Berg hinauf, Richtung Ziegenwald.

An diesem Sonntag ging es wieder nach Reen. Sie betrachtete sich im Spiegel: Die große Schleife im Haar entschädigte für alle Qualen, die Propellerfrisur war beliebt, war geglückt. Und doch kam bei dem Gedanken an die Zugfahrt keine rechte Freude auf. Die Koffer waren gepackt, und zugleich stellte sich dasselbe Lampenfieber ein, wie beim Gedichte-Aufsagen in den Gottesdiensten. Denn, sobald sie, das jüngste Kind des Pastors sich vor die Gemeinde stellte, einleitend einen Knix machte und die Blicke aller auf sich spürte, brachte sie anstatt dem Kinderreim »ich bin klein, mein Herz ist rein, niemand soll drin wohnen als Jesus allein« nur ein paar Tränen hervor. Sie flüchtete dann vor lauter Scham auf Klaris Schoß, oder sie versteckte sich hinter ihrer Schürze.

Klari.
Ihr bodenlanger Faltenrock roch immer ein wenig nach Gebratenem, nach frisch gebackenen Pfannkuchen, und ein wenig nach Petroleum, vom Feuer machen. In Klaris Röcken konnte sie versinken; sie liebte Pfannkuchen.

Aber an diesem Tag wollte ihr das Mittagessen gar nicht schmecken, und erntete, wie so oft, besorgte Blicke. Das war nichts Neues, denn sie war bekannt dafür, kein guter Esser zu sein. Doch der Abschied von Klari, und sei es nur für zwei Wochen, hatte ihr den Appetit geraubt, und überhaupt dachte sie mit Grauen an den Moment, wenn der schwarze Teufel auf roten Rädern in den Bahnhof einfuhr. Dieses schnaufende Ungetüm, das mit seinem schrillen Pfeifen ihr regelmäßig Albträume bescherte. Klari war stets zur

Stelle, wenn sie sich fürchtete, und auch jetzt klammerte sie sich an ihrem langen Rock fest, während die Familie mit Koffern bepackt zum Bahnhof eilte.

Sie hatten es nicht weit. Der Bahnhof nur wenige Schritte entfernt, aber der Weg lang genug, als dass Verzweiflung sie übermannte. Tränen rollten – ganze Bäche. Unterwegs suchte Klari vergeblich nach den richtigen Worten, den tröstenden, aber nichts konnte helfen. Nichts, außer ihrer Umarmung.

Mit beiden Händen hielt sich das Kind die Ohren zu, das Kreischen der Dampflokomotive war ohrenbetäubend, es kniff die Augen zusammen so fest es konnte. Jetzt stampfte das Ungeheuer mit viel Dampf und Getöse in den Bahnhof ein, fauchte und schnaubte seine letzten Kräfte aus, bevor sich die Türen öffneten. Dann strömten die Reisenden heraus, und bald darauf die neuen hinein. Wenige Minuten später hatte das Ungeheuer alles einverleibt, mitsamt Gepäck. Die Türen wurden geschlossen. Nur Klari blieb zurück.

Sie blieb am Bahnsteig stehen, winkte unermüdlich, und während sie ihre Plätze eingenommen haben, ist sie zu einem winzigen Punkt geschrumpft. Am Fenster flitzten jetzt Häuser und Bäume vorbei – ganze Wälder.

»Iss was!« – die Mutter reichte dem Mädchen einen Pfannkuchen, eingewickelt in Papier. Er schmeckte süß; nach Klari. Seine Tränen versiegten. Es saß neben der Schwester. Die Kleider berührten sich – die Schmetterlinge. Jetzt fand es die eigenen viel größer und schöner. Zufrieden begab sich das Kind in das Land der Träume.

Erst, als das rhythmische Klappern der Hufen erlahmte, war es erwacht. Waren die Pferde ermüdet? Am höchsten Punkt des Berges angekommen, bog die Kutsche von der Neugasse rechts ab. Bald tauchten die hohen Tannen auf, die es von früher kannte. Immer noch standen sie schützend vor dem gelben Haus mit den grünen Fensterläden, vor dem Elternhaus der Mutter, streng und aufrecht wie salutierende Soldaten, die man vergessen hatte, abzukommandieren. Die Fenster – hell erleuchtet, in Erwartung der Gäste, verschwendeten ihr Licht auf die umliegenden Bäume, ließen das Gold der Aprikosen und der rotbackigen Williams-Christ-Birnen aufscheinen, dieser Reichtum war im Dunkeln nur zu erahnen. Auch der Duft von frisch gebrühtem Pfefferminztee drang nach draußen, mischte sich unter die Vielfalt des Blumenmeeres, das Hof und Vorgarten durchflutete, so dass aus jeder Ecke ein anderes Aroma hervorströmte. Der süßliche Flox ging als Sieger hervor, verdrängte alles andere, den zartherben Duft der Kletterrosen, den verhaltenen Hauch von Löwenmäulchen und Dahlien. Der spärlich beleuchtete kleine Vorgarten, den der Großvater einst liebevoll als Park angelegt hatte, war von Pfaden durchzogen, durchsichtig wie Adern unter der Haut, sie teilten die Blumenbeete in regelmäßige Ecken und Halbmonde und drängten darauf, bewundert zu werden.

»Große Uhren machen tick-tack tick-tack …« – der Kinderreim von einst, ihre ersten Wörter und Sätze auf Deutsch, werden es für immer wie ein Echo begleiten. Der Großvater wiegt das Kind auf seinem Schoß, hin und her, lässt es pendeln – erst langsam, im Rhythmus der großen Uhren, dann, bei den kleinen Uhren schlägt das Pendel immer schneller aus. Ticki-tacki-ticki-tacki – und das Kind quietscht vor Vergnügen, aber dann fällt ihm plötzlich etwas ein, springt herunter, der Kinderreim und das Pendelspiel vergessen, der Engel muss her.

Jedes Mal ist es so. Nach der Ankunft in Reen durchstöbert das Mädchen die Räume, als Erstes muss der weiße Porzellanengel gefunden werden, noch bevor es ans Schlafen geht. Meist findet das Kind ihn in der Schublade der Nussbaumkommode, jemand von den Großen muss diese aufziehen, die Lade ist voll und klemmt. Erst wenn der Engel gefunden ist, kommt es zur Ruhe, aber es findet dort noch allerhand anderes Zeug, was neugierig macht, es könnte Stunden vor der offenen Schublade verbringen, den fremden Gestalten folgend, die es in ihren Bann ziehen. Sieht dort die Großtanten, diese tragen elegante Hüte und ungewöhnliche Frisuren – ganze

Jahrzehnte auf Zelluloid gebannt. Wie sie mit Würfelzucker ihre Pferde füttern oder einen Oldtimer steuern. Sie beschwören die Vergangenheit herauf, geisterhaft locken sie das Kind in ihre Welt – und es verschwindet augenblicklich im Wunderland seiner Ahnen.

Es fällt und fällt, und als es erwacht, ist es früh am Morgen, der Hahn kräht, auch die Hühnerschar wartet auf Futter. Man hört den Großvater, wie er die Weizenkörner in einer Blechdose schüttelt, die Hühner um sich scharend – beim Lockruf eilen sie alle herbei, und auch das Kind. Es möchte unbedingt ein Huhn streicheln – es auf den Arm nehmen … Aber schon beim ersten Versuch flattert das Federvieh auseinander. Mach das nicht nochmal! – tadelt der Großvater, und doch wird das Kind immer wieder versuchen, sich ein Huhn zu greifen. In der Strenge seiner Stimme schwingt auch Fürsorge mit, den Brunnen im Hühnerhof muss er im Auge behalten, geh nicht zu nah dran, hört es ihn mehrmals täglich sagen, denn der Maulbeerbaum hat Früchte getragen, eine satte Ernte liegt über den Hof verstreut, die Hühner picken und auch das Kind geht sammeln, nur steht der Ziehbrunnen unmittelbar daneben. Das könnte ihm zum Verhängnis werden. Doch genaugenommen kann das Mädchen gar nicht reinfallen – die grauen Holzlatten, die den Brunnen umhüllen wie ein Kleid, würden es verhindern. Dennoch lässt Otata größte Vorsicht walten, als er dem Kind zeigt, wie tief es hinuntergeht. Gemeinsam beugen sie sich über den Brunnenrand und blicken in die Tiefe, bis der Eimer, den er heruntergelassen hat, einen Platschgeräusch verursacht, und die Kette quietscht, während der Großvater am Rad dreht und dreht, so lange, bis er den vollen Eimer in der Hand hält. Mehrmals am Tag wiederholt er die Prozedur, und das Kind schaut ihm begeistert zu.

Wenig später geht es nach Chicago. Und das hoch zu Ross! Onkel Albert hat das Mädchen auf seine Schultern gesetzt, wir reiten nach Chicago, lautet sein Versprechen, und dann setzt er sich hoppelnd in Bewegung, quer durch die Werkstatt. Das Kind jauchzt vor Freude, »Chipaagooo!« – wiederholt es das neue Wort, den Namen der Stadt im weit entfernten Amerika. Onkel Albert, Vaters jüngster Bruder ist Lehrling beim Großvater, lernt Uhren reparieren, ist lustig und für Spaß und Albernheiten zu haben. Immer gibt es in der Uhrenwerkstatt etwas Neues zu entdecken, stellt das Kind fest, und an diesem Tag wird es einem wundersamen Ereignis beiwohnen. Denn im Boden der Werkstatt befindet sich eine geheime Tür – eine Falltür! Kaum sichtbar, zeichnen sich die Umrisse vom rechteckigen Metallrahmen in den rot gestrichenen Holzdielen ab. Und dann, in der Mittagszeit, wenn Minitante wiederholt mit ihrem Glöckchen läutet und Otata zum Essen ruft, kann das Spektakel beginnen. Der Uhrmacher unterbricht seine Arbeit, schließt von innen die Tür der Werkstatt ab und bückt sich, um – mit einer Stange hantierend – die Falltür in Bewegung zu setzen. Als Nächstes kommt eine schmale Treppe zum Vorschein, die nicht wie gewohnt nach oben, sondern nach unten führt. In wenigen geübten Schritten verschwindet der Großvater im Bodenloch, und das Kind sieht nur noch seinen glattrasierten Schädel, sieht, wie er in Minitantes Küche abtaucht – wie in einen Suppentopf, aus dem allerlei Essensgerüche nach oben dringen. Nur an seiner Stimme kann das Kind erkennen, dass er noch vorhanden ist, und bald darauf klappt er die Treppe wieder hoch, und das Loch ist wieder zu und der rote Dielenboden glatt und vollständig, als wäre nichts geschehen. Der Zauber ist vorbei. Und das Kind freut sich aufs nächste Mal.

Die Veranda vor der Werkstatt wiederholt die Farbe des Ziehbrunnens, schmiegt sich wie eine graue Katze an die Hauswand, und auch im Garten entdeckt das Kind dasselbe Grau, die überdachte Gartenlaube lädt zum Versteckspiel ein. Es ist ein schattiges Plätzchen inmitten der Obstbäume, mit hübschen Schnitzereien und einem Türmchen als Dach – verblichene Eleganz vergangener Zeiten. Dort stellt sich das Mädchen hin, mit einem Blumenstrauß in der Hand, das Foto wird später im Album kleben, der Blumenstrauß Großvaters Zimmer schmücken – zum Abschied – bis er verwelkt, bis auch das Foto vergilbt.

Was bleibt, ist die Erinnerung – an den Duft reifer Äpfel und Birnen. An den Farbenrausch der Blumen und ihren Honig. Sie haben ungeahnte Sehnsüchte geweckt – für immer.

Am Ende der Ferien kehrten wir nach Armenierstadt zurück. Es war im August 1966. Überraschende Neuigkeiten empfingen uns: Ein Umzug stand bevor. Vater wurde strafversetzt. Sein Ungehorsam gegenüber den Behörden und seine mangelnde Kooperationsbereitschaft war die Begründung dafür. Sein neuer Dienstort hieß Sächsisch Reen (Reghin). Ausgerechnet Mutters Heimatstadt. Eine ganze Reihe kleiner Gemeinden in der Umgebung gehörten ebenfalls zu seinem neuen Bezirk, doch worin die Strafe bestand, war nicht nachzuvollziehen. Mit Großvater, Minitante und Emma – Mutters unverheirateter Schwester zusammenzuwohnen, brachte jede Menge Vorteile. Die Generationen würden zusammenrücken, und das Haus mit dem riesigen Nutzgarten würde auch zu unserem Zuhause werden.

Allem voran war es die deutschsprachige Schule in Reen, die bei Mutter für Begeisterung sorgte, denn ihr lang gehegter Wunsch, unsere Muttersprache anständig zu erlernen, sollte in Erfüllung gehen. Das deutsche Gymnasium in Reen, das einst auch Mutter und ihre Geschwister besucht hatten, genoss einen guten Ruf. In ganz Siebenbürgen gab es nur vereinzelt deutsche Schulen, bis zur achten Klasse, noch seltener bis zum Abitur.

Unsere Zeit in Armenierstadt ging also zu Ende. In meiner Vorfreude auf Umzug und Einschulung spürte ich keinerlei Abschiedsschmerz. Auch konnte ich nicht ahnen, dass mir Klari genommen würde, denn mit dem Umzug nach Reen ging unser gemeinsames Kapitel für immer zu Ende. Es war ihr unmöglich, uns nach Reen zu folgen.

Von Armenierstadt als meinem Geburtsort hatte ich wenig Bilder verinnerlicht, und so blieb mir dieser Ort weitgehend fremd. Auch dass dieser frühe Abschied für immer wäre, konnte ich damals nicht erahnen.

Erst viele Jahre später erfuhr ich, wo ich wirklich geboren wurde. Bereits die Römer waren in Armenierstadt ansässig, doch hatte die Stadt ihre Blütezeit erst im Barock erreicht. Wohlhabende Armenier, die im 17. Jahrhundert aus der Moldau nach Siebenbürgen geflohen waren, gründeten dort diese Barock-Stadt, die nach Plänen angelegt wurde – eine Besonderheit in Siebenbürgen. Die Armenier waren tüchtige Kaufleute und führten ein privilegiertes Leben, sie hinterließen zahlreiche barocke Profanbauten, die Armenierstadt bis heute noch schmücken. Die armenisch-katholische Dreifaltigkeitskirche, eine Kathedrale, erbaut Mitte des 18. Jahrhunderts, ist der ganze Stolz der Stadt.

Noch ein Jahrhundert zuvor hieß dieser Ort Neuschloss – ungarisch Szamosújvár. Namensgebend war die Festung aus dem 16. Jahrhundert, im Stil der Renaissance erbaut, die später als Gefängnis diente, insbesondere im sozialistischen Rumänien. Es waren die Grausamkeiten des kommunistischen Regimes, die dieses Gefängnis berühmt gemacht haben. Sie gipfelten im so genannten »Pitești-Experiment«, einer Umerziehungsmaßnahme für politische Gefangene, initiiert vom rumänischen Geheimdienst zwischen 1949 und 1952, wobei die Stadt Pitești als Ausgangspunkt galt. Nach und nach schlossen sich weitere Gefängnisse diesem Versuch an, allem voran die Haftanstalt in Armenierstadt. Im August 1967 haben wir diesen Ort für immer verlassen – meinen Geburtsort.

Sie sah den Bauch der Mutter wachsen. Die kugelrunde Wölbung passte wenig zu ihrer sonst schlanken Figur, und dass es damit zusammenhing, dass sie bald ein Geschwisterkind bekam, hatte sie aus Gesprächsfetzen aufgeschnappt. Dann würde sie nicht mehr die Jüngste sein. Nicht mehr die von Klari verhätschelte, Kleine. Womöglich auch nicht mehr das Sorgenkind. Und alle Blicke wenden sich dem Neugeborenen zu. Und sie – was wird aus ihr? Sie wird aufrücken, zum Schulkind. Das Dasein als Nesthäkchen wird ein Ende haben. Dann gehört sie zu den Großen. Gewachsen war sie ein ganzes Stück, in letzter Zeit. Ihre Beine hingen schon fast bis zum Boden, wenn Klari sie auf den Arm hob, aus alter Gewohnheit, wie in frühen Kindertagen. Bald könnten sie zum Gespött aller werden. Die Familie lachte bereits darüber. Insbesondere der Vater amüsierte sich über das schräge Bild, das sich ihm bot, bei jeder Abendandacht von Neuem. Das Riesenbaby auf dem Arm der Kinderfrau – eine einzige Karikatur! Meist verlor er bei ihrem Anblick die Beherrschung und brach in schallendes Gelächter aus. Dabei wollte sie immer schon groß werden. Jetzt, da ihre Beine länger und länger wurden, wurden sie ihr hinderlich. Keine Wettrennen mehr – vorbei das Dreiradfahren auf dem Kirchplatz. Zuletzt stieß sie mit ihrem Knie am Lenker an. Könnte sie ihr Dreirad jemals hergeben? Das schönste – größte Geschenk, das sie jemals bekommen hat?

Onkel Fodor wird für immer ihr Held bleiben. Nein. Sie wird das Dreirad hüten, auf dem Dachboden aufbewahren. Aber niemals verschenken! Eines Tages wird ihr Geschwisterkind damit fahren. Allerhöchstens das!

Beim Dreirad musste sie an Miki denken. In letzter Zeit kam der Junge immer seltener vorbei, und als sie wieder einmal Langeweile hatte und mit ihm spielen wollte, drängte die Mutter und mahnte:
Bring ihn zum Heiland!
Unser Vater im Himmel sagt:
Lasset die Kinder zu mir zu kommen und wehret ihnen nicht;
denn solchen gehört das Himmelreich.

Miki kam noch einmal, ein letztes Mal. Er ließ sich ködern, mit der Geschichte von Jona im Bauch des Wales. Diese hatte jedes Mal für Staunen bei den Kindern gesorgt. Doch als das Mädchen danach »Schule« spielen wollte, zeigte sich Miki wenig beeindruckt. Voller Stolz marschierte es mit dem abgenutzten, von seinen Geschwistern abgelegten braunen Schulranzen in der Wohnküche auf und ab, wie bei einer Parade. Es konnte die Einschulung kaum erwarten. Bald dazuzugehören, zu den Großen. Mit den anderen im Pausenhof herumtoben … Nicht länger zusehen. Nicht länger Zaungast sein.

Miki ging bereits zur Schule, aber aus irgendeinem Grund, der dem Mädchen verborgen blieb, konnte er diese Begeisterung nicht teilen. Er ging nach Hause, und sie winkten sich ein letztes Mal zu. Es war das letzte Mal, dass sie sich sahen.

Teil II

Sächsisch Regen 1967 – 1976

Zarte Nebelschleier schwebten über der Wiese, dem Garten, hingen in den Obstbäumen. Noch schlief alles. Nur sie war wach. Wacher denn je. Der 15. September 1967, der erste Schultag brach an. Der Morgenhimmel versprach einen sonnigen Tag. Tautropfen glitzerten im Spinnennetz, als sie das Fenster öffnete. Altweibersommer. Alles umhüllt vom milchigen Schleier, sichtbar und doch verborgen. Wie ihre Gedanken, die um das Ungewisse kreisten. Was wird geschehen? Wie wird es sein.

Lange hatte sie für diesen Tag geübt. Wiederholt war sie mit dem Schulranzen in der Wohnküche auf- und abgelaufen, stolz und voller Ungeduld. Klari hätte es bezeugen können, aber sie war nicht mehr da, wie auch die gewohnte Umgebung fehlte, beides weit entfernt. Der Umzug wird Narben hinterlassen, aber noch spürt sie nicht den Schmerz, den ihr alles Fremde, alles Neue zufügen könnte. Zu viele Eindrücke zur gleichen Zeit.

Es sei vorbei, die Zeit des Träumens, sagten ihre Geschwister voraus, die längst zur Schule gingen, dennoch konnte sie es kaum erwarten. Die Jahre im Kindergarten wurden ihr verwehrt, sie sei viel zu oft krank, betonten die Eltern, noch mehr Kinderkrankheiten wollten sie nicht hinnehmen. Alptraumhaft besetzte der Keuchhusten noch ihre Erinnerung. Beinahe wäre das Kind erstickt. Beinahe gestorben.

Jetzt streifte sie sich die Kniestrümpfe über die Waden, die schönsten, die sie besaß. Griff zum ersten Mal zur Uniform. Noch war sie stolz auf das Kleid in weißblauem Pepita, mit der blauen Schürze darüber, die Gleichheit machte ihr nichts aus, alle Mädchen würden Uniform tragen.

»Du wirst sehen, Katichen ist sehr nett« – redete ihr die Mutter gut zu, erzählte ihr von der künftigen Lehrerin, einer Freundin der Familie, während sie über das Kopfsteinpflaster eilten, denn sie waren wie immer – spät dran. Dann die Neugasse hinunter in die Stadt, wo sie ein beißender Geruch empfing – die Hauptstraße wurde geteert. Alles war in Vorbereitung. Der Geruch würde sie den ganzen Tag begleiten: Im Klassenzimmer war der Fußboden mit einer dunklen Schmiere eingelassen, wie sie später bemerkte. Es stank nach Petroleum – selbst bei offenem Fenster war es kaum zu ertragen.

Der kugelrunde Bauch machte der Mutter zu schaffen, bald sollte das Kind kommen – das Vierte. Sie würde deshalb nicht lange bleiben. »Sei schön artig«, raunte sie zum Abschied ihrer Siebenjährigen zu; an den Feierlichkeiten könnte sie nicht teilnehmen.

Überall blickte sie in fremde Gesichter, hörte fremde Stimmen – ihr Magen krampfte, sie fühlte sich allein. Der Schulhof war brechend voll, mit Eltern und ihren Kindern.

Klari! – wo bist du? – schrie es in ihr, doch niemand hörte den Schrei, ihre Verzweiflung. Nur der Blick: suchend, verriet so manches. Und das würde lange so bleiben. Auf dem Klassenfoto wird sie später zu sehen sein, wie sie in der hintersten Reihe steht – mit ihren langen Zöpfen und einem falschen Lächeln im Gesicht. Geheuchelte Freude – enttäuschte Erwartungen.

Im Klassenzimmer angekommen, nahmen alle ihre Plätze ein, nur sie schaffte es nicht. Setzte sich verkehrt herum rein, erntete helles Gelächter – zog Blicke auf sich. Kein guter Auftakt! Scham trieb ihr eine nie gekannte Röte ins Gesicht. Das Mädchen, das sich neben sie setzte, lächelte. Verzweiflung wich einem neuen Gefühl: Freundschaft.

Schlag zwölf beendete das Glockenläuten den Unterricht, schon war der erste Schultag vorbei, der Schulranzen voller Bücher, der Kopf voller Gedanken – Hefte mussten noch gekauft werden. Erleichtert trat sie den Heimweg an, vorbei an der großen Kirche, vorbei an den großen Kastanienbäumen. Schaufelte das sonnige Gelb mit den Füßen vor sich her, dazwischen kam das glattpolierte

Rund zum Vorschein. Kastanien in Rotbraun – die Farbe ihrer Haare. Einige fanden sich später in ihrer Schürzentasche wieder.

Das Knattern der Sägemaschinen war von Weitem zu hören, in den umliegenden Gärten zerfielen Baumstämme Stück für Stück – Vorräte für den Winter. Auch bei ihnen würde die Maschine Halt machen, Großvater hatte Holz genug im Garten, auf Vater und Bruder wartete dann viel Arbeit. Sie werden die Axt schwingen, Holzstrünke in Scheite spalten und sie dann im Schuppen stapeln.

Sie spürte einen Druck auf ihrer Blase, musste sich beeilen. Seit Stunden war sie nicht auf Toilette, den hölzernen Bretterverschlag im Schulhof hatte sie nicht betreten wollen – konnte sie nicht. Dieser Gestank! Die Häufchen, die sich den Flur entlang auftürmten … Es gab zu wenig Plumpsklos für alle. Sie beschleunigte ihre Schritte, eilte die Neugasse hinauf, sie musste es aufhalten. Nur noch wenige Meter bis zum Tor. Kaum fiel es ins Schloss, hockte sie schon unter dem Apfelbaum. Ströme ergossen sich. Hoffentlich schauten die Nachbarn nicht zu! Erneut musste sie sich schämen, an diesem Tag. Es war nicht ihr erster Fauxpas.

Im Hof herrschte reges Treiben, die Betonmischmaschine drehte sich in Endlosschleifen. Der Anbau musste fertig werden – das Baby kam. Alle hatten zu tun, alle Zeichen standen auf Veränderung. Der Vater war Bauherr, gab den Handwerkern Anweisungen, helfende Hände fehlten. Die Arbeit türmte sich zu Berge, nicht nur die ausgehobenen Erdhaufen, auch die Ernte aus dem Garten wollte verarbeitet werden. Obst und Gemüse für den Winter einwecken – einen Eisschrank gab es nicht.

Tagelöhner kamen und gingen, gaben sich die Klinke in die Hand, eine Haushaltshilfe wurde eingestellt, doch all das reichte nicht aus. Für die Mutter war das Schulkind gar nicht vorhanden. Niemand fragte – hast du Hausaufgaben gemacht – und schon bald hagelte es schlechte Noten. Strafen folgten. Niemand kümmerte sich um ihre Nöte, um die fremde Sprache, die sie noch nicht beherrschte. Deutsch verstand sie, aber das Sprechen fiel ihr schwer; Rumänisch erst recht. Stille Verzweiflung im lauten Durcheinander.

Klari – wo bist du?

Die Amme, die ihr Mutter und Freundin war, ist fort. Musste zurückbleiben. Musste die eigene Mutter pflegen. Aber das Kind braucht sie mehr denn je! Nichts kann diese Lücke schließen. Klari ist nicht zu ersetzen, und die Hektik der Mutter macht alles nur noch schlimmer.

In der Schule war sie nicht bei der Sache, ihre Gedanken schweiften ab ins nirgendwo. Wurde sie abgefragt, kehrte sie aus fremden Welten zurück, konnte sich nicht erinnern, was die Lehrerin zuvor erklärt hatte. Dabei könnte sie so viel mehr, wird Katichen ihr Urteil fällen, später einmal beim Elternabend. Die Lehrerin pochte auf elterliche Unterstützung, doch diese blieb aus, ging im Chaos des Alltags unter, wie vieles andere auch.

Dann war das Baby da, und ihre Rolle als Nesthäkchen schlagartig beendet. Alle Aufmerksamkeit galt dem Neugeborenen. Kaum jemand fand nachts in den Schlaf, das Schreien des Säuglings hielt alle auf Trab. Fläschchen auskochen, Windeln waschen – die Aufgaben der Mutter überwucherten Tage und Nächte. Schlafmangel zehrte an den Nerven.

Zu allem Überfluss hatte sie ihre Töchter zum Klavierunterricht angemeldet. Der Konzertflügel im Wohnzimmer – ein behäbiges Monster auf drei Beinen, wollte bespielt werden. War täglich im Einsatz, morgens und abends. Andacht für Andacht. An drei Nachmittagen musste sie die Musikschule besuchen, weil es die Mutter so wollte. Für eine Weile nahm sie das hin und fügte sich. Hatte keine Wahl.

Ein neues Tempo bestimmte ihr Leben. Sie rannte von der Schule nach Hause, eilte weiter zur Musikschule. Die Suppe im Stehen geschlürft, die Uniform abgestreift – das bisschen Freiheit gönnte sie sich. Bald müsste sie wieder weiter, im Eiltempo, die Dedrader Gasse entlanghetzen. Bis zur Musikschule war es noch ein weiter Weg.

Einzig im Garten findet sie ihren Frieden, wo Bäume und Sträucher sie willkommen heißen, wo sie sich von Früchten und Beeren ernähren kann. Wo sie vom Wind gestreichelt und von Sonnenstrahlen verwöhnt wird. Dort kommt sie zur Ruhe. Vor dem Lärm. Dem der Baumaschinen und dem der Erwachsenen. Vor einem schreienden Säugling. Vor übergroßen Erwartungen.

Das Kind überlebt.

Sächsisch-Regen – rumänisch »Reghin«, ungarisch »Szászrégen«, ist eine Kleinstadt im Nordwesten Siebenbürgens. Als wir im Sommer 1967 dahingezogen sind, war es für mich zunächst Mutters Heimatstadt, bekannt als die Stadt der Geigen, mit weniger als dreißigtausend Einwohnern. In der Geigenfabrik »Hora«, die 1951 gegründet wurde, hatte auch Mutter nach ihrer Heirat 1952 gearbeitet. Die Fabrik wurde zum Wahrzeichen der Stadt, über die Grenzen hinweg bekannt, und ist bis heute von großer Bedeutung für den Instrumentenbau in Europa.

Die feinen Laubsägearbeiten die als Intarsien die Instrumentenkörper zierten, gehörten zu Mutters Aufgaben als junge Fabrikarbeiterin, und gewiss kam ihre Neigung, alles perfekt machen zu wollen, ihr bei dieser Tätigkeit zugute. Kleinteilig, von höchster Präzision geprägt, wie auch die Arbeit an Uhren. Großvater hätte sie gerne als Unterstützung in seiner Uhrenwerkstatt gehabt, die er im Zuge der Enteignung gegründet hatte, denn sein Uhren- und Juweliergeschäft am Marktplatz der Stadt musste er aufgeben. Gottfried, der einzige Sohn, der noch zu jung war, kam nicht in Frage, und Emma, die ältere Schwester, die nach dem frühen Tod der Mutter den Haushalt führte, ebenfalls nicht. Großvater hatte Lehrlinge ausgebildet, und auch Mutter hatte bei ihm das Uhrmacherhandwerk erlernt, aber mit ihrer Heirat und der Familiengründung blieb alles Berufliche auf der Strecke.

Unsere neue Heimat, die Stadt Reen, grenzte an ein historisches Gebiet, an das »Reener Ländchen«, auch als

»Nösnerland« bekannt, wo seit dem Mittelalter deutsche Kolonisten angesiedelt waren, die Siebenbürger Sachsen. Sie stammten ursprünglich von den »Saxones« ab, einer Gruppe adliger Fürsten, die im 12. Jahrhundert vom damaligen Herrscher berufen waren, Siebenbürgen zu besiedeln, um das Land gemeinsam mit den ungarischen Königen gegen Feinde zu verteidigen. Die Wortbedeutung »Sachsen« bezieht sich deshalb auf die ehemalige Standesbezeichnung Saxones.

Wörter wie »Boffelchemollich« (Büffelchen Milch) oder »Hätschenpetsch« (Hagebuttenmarmelade), die ich in Unterhaltungen zwischen Großvater und Minitante aufgeschnappt habe, kannte ich bis dahin nicht, denn es handelte sich um die Reener Mundart. Um das Siebenbürger-Sächsische, das am ehesten dem moselfränkischen Dialekt nahekommt. Im Allgemeinen wurde in Siebenbürgen Hochdeutsch gesprochen.

Eines stand jedoch fest: Mutters Elternhaus in Reen musste erweitert werden, denn bald sollten dort neun Personen wohnen. Leider fiel dem Umbau und Vaters Modernisierungswünschen manches zum Opfer, was den Charme des ursprünglichen Anwesens ausmachte. Dazu gehörte die Veranda mit der taubengrauen Holzverkleidung, die nun zu einem langen, offenen Korridor umgestaltet wurde und zu Großvaters Werkstatt führte. Der Ziehbrunnen im Hühnerhof mit dem hübschen Zwiebeltürmchen wurde dem Erdboden gleichgemacht und zugedeckt. Er musste Wasserleitungen weichen, die nun das ganze Haus durchzogen, Bad und Küche mit fließendem Wasser versorgten, so dass die Schlepperei mit Wassereimern für immer passé war. Auch das Plumpsklo im Badezimmer – wenn auch eine elegante Variante seiner Generation, mit Holzbrille und Porzellandeckel, wurde von einer modernen Toilettenschüssel und der dazugehörigen Wasserspülung abgelöst.

Einzig im Hof ließ man ein Plumpsklo stehen, für Großvaters Kundschaft, und auf halber Strecke zwischen Haus und Garten konnte es allen von Nutzen sein.

An der eleganten, aber wenig genutzten Gartenlaube im Obstgarten hing ich ganz besonders. Sie sollte jetzt beseitigt werden. Auch die kleine Parkanlage vor dem Haus, die Großvater einst mit viel Liebe angelegt hatte, musste einer einheitlichen Rasenfläche weichen. Nur die Rosenstöcke blieben stehen. Sie säumten die Ränder des neu betonierten Gehweges, der zum Hauseingang führte, parallel zur Buchsbaumhecke, die den Übergang zum Rasen markierte und regelmäßig in Form geschnitten werden musste.

Nur der riesige Nussbaum, der seit jeher am Haus lehnte und die Obstbäume im Vorgarten, sowie die hohen Tannen am Eingang, blieben von Vaters Neugestaltung unberührt. Die Pergola im Hof, die er eigenhändig gebaut hatte, ließ er mit Weinreben zuwuchern, so dass bei schönem Wetter Mahlzeiten, aber auch die meisten Küchenarbeiten nach draußen verlegt wurden.

Großvater, Minitante und Emma wohnten jetzt im Erdgeschoss und überließen uns – bis auf die Uhrenwerkstatt am Ende des Korridors – den gesamten ersten Stock.

Die untere Wohnküche unterlag immer schon Minitantes Herrschaft. Sie wachte seit Jahrzehnten über Haus und Hof, vor allem während der Kriegsjahre und auch danach, als der Rest der Familie in russische Gefangenschaft geriet. Sie blieb, auch nach deren Rückkehr. Großvaters älteste Schwester schlüpfte in die Rolle der Haushälterin und sorgte für ihren verwitweten Bruder und für Emma, ihre erwachsene Nichte.

Minitante.
Für das Kind war sie einmalig – fürsorglich und liebevoll. Doch konnten einem aus dem herzförmigen Puppengesicht manchmal

zwei Knopfaugen entgegenfunkeln – ungewöhnlich streng, wenn ihr etwas nicht passte. Dann türmten sich die dicht gewachsenen Augenbrauen zu einem bedrohlichen Zickzack auf. An ihrem Kinn hatten sich ein Paar Barthärchen eingefunden, die Minitante gelegentlich mit einer Pinzette vor dem Spiegel bearbeitete, wie auch den ergrauten Oberlippenbart, den sie mit Würde trug. Ihre Haare erstrahlten in einem seidigen Weiß, täglich flocht sie diese zu einem langen Zopf, den sie zum Dutt aufgewickelt, wie eine Königskrone trug.

Eigentlich war Minitante die Kurzform von Wilhelmine plus Tante. Letzteres aus Höflichkeit hinten drangehängt, weil es so üblich war. Nicht ihre kleinwüchsige Gestalt war es, die ihr diesen Namen einbrachte. Trotz – oder gerade wegen ihren ein Meter fünfzig, genoss sie allseits Respekt, was sie jederzeit von Neuem zu verteidigen wusste.

»Bellt nicht – redet!«, herrschte sie das Kind und seine Geschwister an, sobald diese vom Deutschen ins Ungarische wechselten. Den Nösners lag nämlich viel daran, die deutsche Sprache zu erhalten. Alle Nachkommen sollten sie einwandfrei beherrschen. Erst recht, weil in der Familie sonst Ungarisch gesprochen wurde, dem Vater zuliebe, und in der Öffentlichkeit Rumänisch, der Amtssprache.

Minitante wirkte stets aufgeräumt. Das lag nicht zuletzt an der weißen Schürze, die ihr wie angewachsen schien über dem beigen Kleid mit den weißen Kaffeebohnen darauf. Es war das Kleid, das die Großtante am häufigsten trug. Immer, wenn Besuch erwartet wurde.

»Verwisch dich!«, zischte sie Emmchen an, die unverheiratete Tante, die seit der Rückkehr aus russischer Gefangenschaft und ihrer geplatzten Hochzeit die familiäre Wohngemeinschaft unfreiwillig ergänzte.

»Verwisch dich« hieß so viel wie »verschwinde« auf Siebenbürger-Sächsisch. Von klein auf bekam das Mädchen mit, dass man sich ihrer schämte, denn sie war sonderbar. Die sibirische Kälte hatte sie immer noch fest im Griff. Sommers wie winters lief Emmatante vermummt herum, trug mehrere Schichten Strümpfe über die Arme gestreift, mehrere Blusen und Jacken übereinander, über das Kleid. Ihren Kopf bedeckte sie meist mit einem Hut, der mit weiteren Kopftüchern umwickelt wurde, damit ihr die Kälte nichts anhaben konnte, aber auch nicht die Hitze. Scheinbar spürte sie weder das eine noch das andere, doch ihre Erscheinung bot Grund zur Belustigung. Könnte sie gar Großvaters Kundschaft verschrecken? Dabei war Emmchen so harmlos, so still.

Man sah und hörte sie kaum. Sie bewegte sich wie ein Schatten durch den Tag, sparte ihre Kräfte auf, wie sie wiederholt beteuerte, für eine mögliche Flucht. Beim Kind weckte ihr Anblick Mitleid und Entsetzen zugleich, ihrer Marotten wegen zweifelte man an ihrem gesunden Menschenverstand. Jedes freie Schlüsselloch wurde von ihr mit Zeitungspapier zugestopft, damit es nicht zog. Beim Bettenmachen fand Minitante des Öfteren trockenes Brot unterm Kopfkissen. Essen musste gehortet werden, für alle Fälle. Aber kaum eine Mahlzeit, ohne Großvaters Schimpftyraden.

»Emma – iss!« Seine Stimme wurde mit jedem Mal ungehaltener, lauter.

So hatte das Mädchen die Tante erlebt, seit frühesten Kindertagen. Seit jeher galt sie als Kuriosum der Familie. Als jemand, um den man sich kümmern musste. Kein Kind mehr, und doch schien die Tante in der Welt der Erwachsenen nicht angekommen zu sein. Sie wollte nichts, und auch die anderen sollten nichts von ihr erwarten. Noch so kleine Aufgaben, die man ihr auftrug, wie das Bohnen ernten im Garten, dauerten den ganzen Tag an. Dabei stellte sie die Geduld aller auf die Probe.

Emma.

Ihre Augen krümmten sich zu zwei Halbmonden über den rundlichen Wangenknochen, wenn sie lachte. Ein unverwechselbares sanftes Lächeln, das aufrichtige Freude und zugleich einen Hauch von Bedauern enthielt, den Kopf hatte sie seitlich geneigt.

Emma war einst Musterschülerin. Sie hatte mit Bestnoten geglänzt, wie allseits zu hören war, und mit einer Handschrift, wie Perlen an einer Kette aufgereiht. Vor dem Krieg und der Verschleppung galt sie als Schönheit in ganz Reen. Damals.

Inzwischen war sie dreiundvierzig Jahre alt und überraschte die Familie mit Eigenheiten, mit denen sie alle zur Verzweiflung brachte, aber auch mit ihrem brillanten Gedächtnis, das sie gelegentlich aufblitzen ließ. Wann ist Tante Wanda nach Amerika ausgewandert? Wann genau ist Konsul Graef gestorben? Auf Monat und Tag genau hielt sie sämtliche Daten und Fakten abrufbereit, wie ein Lexikon. Emmchen war sparsam, mit allem. Auch mit den Worten. Doch in der Verknappung wirkten sie umso mehr – und nicht selten komisch.

»Friede sei mit dir!«, grüßte sie typischerweise, und wegen ihrer Sanftmut hatte das Mädchen die Tante längst ins Herz geschlossen, obschon die Prophezeiung des Vaters, du wirst noch wie deine Tante Emma, ihm wie ein lästiges Echo folgte. Doch der Vater hatte den Stubenhocker gemeint. Das Mädchen als kleines Kind, das lieber drinblieb und malte, anstatt nach draußen spielen zu gehen.

Großtata.

Der Großvater war immer beschäftigt und irgendwie alterslos. Seine wassergrünen Augen blickten manchmal schelmisch, manchmal neugierig drein, und wenn er bei Tisch saß in seinem gerippten Unterhemd, die Hosenträger über dem gebeugten Oberkörper gespannt, wirkte er gedrungen, was er nicht war. Seine braune, ausgebeulte Arbeitshose trug er regelrecht hochgeschnallt. Die Haare kurz geschoren, glichen einem Stoppelfeld, waren jedoch leicht zu pflegen. Er schüttete sich ein Kübel voll Wasser über das verschwitzte Haupt nach der Gartenarbeit, und dann ging er in die Werkstatt, um die Uhren anderer Leute zu reparieren.

Sein Tag war durch und durch verplant und begann um fünf Uhr morgens. Erst in den Stall, die einzige Kuh melken, dann die Hühner füttern, später im Garten Unkraut jäten, oder das Gemüse hochbinden, die Bohnen und die Paradeiser. Ausdrücke wie diese waren aus Österreich eingewandert, die Sprache bezeugte – wie auch die Küche die einstige Zugehörigkeit der Region zur großen Monarchie. Als

Mittagessen gab es Mehlspeisen, Palatschinken oder Topfenknödel, Grieskoch oder Buchteln, mit einer Suppe vorneweg. Aber nichts auf der Welt brachte den Großvater so zum Strahlen wie die Ernte aus dem Garten. Die Früchte seiner Arbeit zelebrierte er regelrecht.

»Schaut her, Kinder! – ein Paradeiser, so groß wie ein Kinderkopf« – rief er stolz. Jahr für Jahr hielt er Gewicht und Größe der größten Tomate, die er erntete, schriftlich fest.

Nach der Gartenarbeit saß er am Frühstückstisch, bei Milchkaffee aus Zikorie, versenkte das Brot im hellbraunen Nass. Brösel lösten sich, schwammen obenauf, während er die größeren, aufgeweichten Stücke mit dem Löffel einzeln herausfischte. Mittags tat er das Gleiche mit der Vorsuppe. Das Mädchen musste wegschauen, fand den Anblick unappetitlich. Es erinnerte es an die Mahlzeiten der Kuh, an die vollen Eimer, die der Großvater täglich für das Tier herrichtete. An die wurmstichigen Apfelstücke und die trockenen Brotkanten, die – wie schwimmende Gepäckstücke eines gekenterten Schiffes auf hoher See, hin und her schaukelten. Auch sie wollten gerettet werden, die kläglichen Essensreste im Eimer.

Seit der Hungersnot in Russland – und daran wurden sie täglich erinnert, wurden sämtliche Lebensmittel verwertet. Alle. Selbst die Verdorbenen. Nicht einmal die Brotkrümel nach einer Mahlzeit durften verloren gehen. Die Mutter fegte nach dem Essen jedes Mal die Krümel zusammen, anstatt die Tischdecke auszuschütteln. Dabei strafften sich ihre Gesichtszüge, und dann sagte sie immer den einen Satz:

»Wir hätten Steine gegessen, wenn wir gekonnt hätten!«

Dann streute sie die kostbaren Brotreste auf die Fensterbank und feierte diese Geste der Barmherzigkeit mit einem Bibelzitat:

Seht die Vögel unter dem Himmel an – sie säen nicht, sie ernten nicht, sie sammeln nicht in die Scheunen; und euer himmlischer Vater ernährt sie doch. Seid ihr denn nicht viel kostbarer als sie?

Für die Mutter war kein Anlass gering, um ihrem Schöpfer zu danken. Dass sie errettet wurde. Zu erinnern an das Wunder ihres

Lebens. Könnte sie es je vergessen? Sie hatte überlebt. Hat der sibirischen Kälte getrotzt, bei 40 Grad minus. Hatte die eisigen Anweisungen der Aufseher befolgt, die über ihr Leben wachten. Die sie des Nachts von ihrem Schlafplatz aufscheuchten, ohne Gnade, immer wenn ein Güterzug einfuhr. Dann musste sie mit ihrer Schwester und anderen Gefangenen Kohle abladen. Und immer wieder passierten Unfälle. Auch sie wäre beinahe … Sie war ausgerutscht im Schnee und wäre ums Haar im Hochofen gelandet, wo die Kohle vor sich hin glühte. Ein anderes Mal ist sie fast ertrunken, auf einem überfüllten Floß, das zu sinken begann, und niemand die Gefangenen zu retten versuchte.

Dreieinhalb Jahre Gefangenschaft – mit siebzehn. Sie musste danken. Dankopfer bringen. Für den Rest ihres Lebens.

Der Zinnbecher, ihre Suppenschüssel von einst – ein stummer Zeuge. Ein Fremdling zwischen dem übrigen Geschirr in der Vitrine. Sollte sie täglich daran erinnern – an die kargen Mahlzeiten in Russland. An die klare Brühe mit dem einzigen Kohlblatt darin. An dreieinhalb Jahre Angst und Hungersnot.

Dort, wo der Zaun heruntergetreten war – einige Bretter hatten sich gelöst und lagen mitsamt den rostigen Nägeln im hohen Gras – dort könnte sie entkommen. Dem Abwasch, den Hausaufgaben, den Klavierübungen. Mutters Ermahnungen. Das alles musste warten.

Denn die Gelegenheit, Ildikó zu besuchen, war günstig wie noch nie. Zwischen Brennnesseln und Himbeersträuchern bahnte sie sich jetzt den Weg durch das benachbarte Gartengrundstück im hohen Gras, hinauf zu dem Haus, wo das andere Mädchen wohnte. Das Mädchen, das wunschlos glücklich war, wie sie vermutete, denn Ildikó besaß eine Heerschar an Puppen und einen Puppenwagen noch dazu. Einen, von dem sie selbst seit langem geträumt hatte. Eine halbe Ewigkeit hat sie vor dem Schaufenster des Spielwarenladens zugebracht, immer nach der Schule, doch ihre beschwörenden

Blicke konnten nichts ausrichten. Außer, dass ihre Sehnsucht ins Unermessliche wuchs. Spielsachen galten bei ihnen als Luxusgut; schier unerreichbar.

Ildikós Mutter empfing sie stets mit einem Lächeln, wann immer sie unerwartet vorbeikam, und ihr Gesichtsausdruck ermutigte sie dazu, zu bleiben, und dann überwand sie ihre Schüchternheit. Wann gab es schon die Gelegenheit, ein Schlaraffenland zu betreten? Meist zog sich die Mutter in ihre Küche zurück und ließ sie beide in Ruhe spielen, in dem geräumigen Zimmer mit dem weißen Kachelofen darin. Dem Zimmer mit den vielen Türen, das hochherrschaftlich anmutete, wie das Zimmer in einem Schloss, und sicher verbarg sich hinter jeder Tür noch manch Geheimnisvolles, Neues. In diesem Labyrinth an Zimmern würde sie bestimmt noch mehr von ihren Sehnsüchten antreffen, davon war sie überzeugt. Wohin sie nur blickte, hatten in diesem Zuhause Wünsche und Sehnsüchte Gestalt angenommen. Puppen in allerlei Größen mitsamt Puppenwagen, Stofftiere, und dann dieser Roller mit den breiten Gummireifen!

Sie hätte so gerne …

Es drängte sie vorwärts. Als wäre nichts wichtiger, als hinter alle Türen zu blicken, sie alle zu öffnen, Zimmer für Zimmer erobern, und dann – dann würde sie bleiben wollen. Wer weiß, vielleicht für immer. Hier, im Schlaraffenland.

Das Kind glaubte nach wie vor an Wunder. Nur ein einziges Mal – ein einziges Mal hatte es mit dem Wünschen geklappt, und seither war es felsenfest überzeugt, wünschen hätte etwas mit Magie zu tun, es könnte Wunder vollbringen. Wie sonst hätte das blaue Dreirad den Weg zu ihr gefunden, wenn nicht durch magische Kräfte, die Wünsche lenken konnten?

Sie musste an damals denken …

An Onkel Fodor, wie er urplötzlich auf der Veranda stand – an dieses schiefe Lächeln, das gleich darauf zu einem breiten Grinsen ausgeufert war, als Vorzeichen des Wunders, das bevorstand. Und dann, als er das Kind glücklich sah, lachten sogar die Augen mit, und seine holprige Zahnreihe, die er ansonsten unter dem grauen

Schnurrbart versteckt hielt, kam zum Vorschein. Alles feierte die Magie des Augenblicks. Nur das Kind war kaum in der Lage, das Wunder zu begreifen.

Warum nur war der Vater so knausrig? Er hatte doch ein großes Herz, liebte seine Kinder aufs Innigste. Aber mit dem Schenken hielt er sich zurück. Aus einer kinderreichen Familie stammend, wo Spielsachen zu überflüssigen Anschaffungen zählten und selbst ein paar Schuhe Luxusgut waren, herrschte das Gesetz der Knappheit. Er war es nicht anders gewohnt.

»Geht nach draußen! Spielt im Garten«, hieß es, und die Kinder folgten. Denn diesbezüglich waren seine Ansichten unumkehrbar, weder Tränen noch andere Strategien konnten den Vater erweichen. Umso mehr erstarkten die Wünsche. Oft blätterte sie in ihren Wunschfantasien wie in einem Bilderbuch mit vielen Seiten, und träumte vor sich hin. Sogar im Unterricht träumte sie sich davon. Manchmal kreisten ihre Gedanken um Probleme und deren Lösungen. Dieses Mal, wie sie das Porträt des Staatsoberhauptes Ceausescu zeichnen könnte. Das Foto hing im Großformat an der Wand. Ihm zu Ehren hieß es jeden Morgen »stillgestanden!«, sobald der Lehrer den Raum betrat, dann wurde die rumänische Nationalhymne angestimmt und alle mussten singen. Verschlafene, widerwillige, krächzende Stimmen, vereinzelt auch eifrige:

»Ich kenne drei Farben auf Erden,
die an ein mutiges Volk erinnern.
Es ist tapfer, geprägt von einem alten Ruf
und siegreich in der Schlacht …«

Jeder Schultag begann damit. Auch die Nationalfahne durfte im Raum nicht fehlen. Die Trikolore hing über dem gerahmten Porträt, und Hammer und Sichel erinnerten stets an die Arbeiter- und Bauernpartei. Das Mädchen fand, zu einer deutschsprachigen Schulklasse hätte die Hymne Siebenbürgens viel besser gepasst, aber das war nicht erwünscht.

»Siebenbürgen, Land des Segens,
Land der Fülle und der Kraft,
mit dem Gürtel der Karpaten
und das grüne Kleid der Saaten,
Land von Gold und Rebensaft …«

Siebenbürgen, einst die Kornkammer Europas, wurde nur noch von den Alten besungen. Warum war die Hymne in der Öffentlichkeit verstummt, beinahe in Vergessenheit geraten? Sie entdeckte die Liedzeilen in Minitantes Wohnküche, aufgestickt als Wandbehang. Anscheinend war die traditionelle Hymne nur noch in den eigenen vier Wänden willkommen, spürte das Mädchen, nur noch in deutschen Haushalten anzutreffen, woanders unerwünscht.

Sie fand den Unterricht öde. Nur, wenn es ums Auswendiglernen ging, ein Gedicht wie den Zauberlehrling fehlerfrei aufzusagen, wurde sie wach. Damit konnte sie Bestnoten ernten und ihre schlechten Noten in Rechnen und Physik ausgleichen. Aufsätze schreiben fiel ihr wesentlich leichter. Auch, Sätze zu zerlegen und die Bestandteile auf Zusammenhänge hin zu untersuchen. Dann machte ihr die Schule richtig Spaß. Wenn allerdings Gedichte über Traktoren und Vaterlandsliebe auf Rumänisch auswendig zu lernen waren, sträubte sich alles in ihr. Doch Widerstand war undenkbar. Wehe dem, der sich einem Lehrer widersetzte, dann war eine schlechte Note noch das geringere Übel. Manchmal musste die ganze Klasse nachsitzen und irgendeinen unsinnigen Satz, mit dem man Besserung gelobte, hundertmal ins Heft schreiben. Hundertmal! Das konnte Stunden dauern. Erst, wenn die Strafarbeit erledigt war, durften alle gemeinsam das Klassenzimmer verlassen.

Ihr Weg von der Schule nach Hause führte quer durch die Stadt, quer über den Hauptplatz, wo die bunte Vielfalt in den Vitrinen ihre Sinne fesselte. Ein Schaufenster klebte am anderen – eine Verlockung löste die nächste ab. Doch sie musste sich beeilen, schließlich wartete die Mutter zuhause mit dem Mittagessen, und sie hatte keine Lust auf ihre Schimpftiraden. Und es warteten noch weitere Verpflichtungen auf sie.

Nachmittags Musikschule. In Hektik die Suppe hinunterschlürfen. Dann rasch weiter. Wo hast du deinen Kopf? Sie hatte versehentlich die Hausschuhe anbehalten, musste auf halber Strecke umkehren. Schon wieder zu spät! Die Dedrader Gasse will nicht enden. Immer knapp dran. An vier Nachmittagen in der Woche lässt sie das über sich ergehen: Eine Doppelstunde Theorie, eine Doppelstunde Chor, zwei Einzelstunden Klavier. Bei Tante Delia. Die Aufnahmeprüfung war nicht schwer, du musst nur auf die Klopfzeichen achtgeben, kommentiert die Mutter, und es der Lehrerin nachmachen. Wie immer ist sie dabei, wenn es um etwas geht, das ihr wichtig ist.

Klick-Klack, Klick-Klack …

Allgegenwärtig das nervöse Ticken des Metronoms. Immer schön im Takt bleiben. Die Finger sollen gehorchen. Werden es, mit der Zeit, nur Geduld! Tante Delia hat scheinbar keine. Ist ungeduldig. Ist klein. Mit leichtem Buckel über die schwarz-weißen Tasten gebeugt, die weißen Haare akkurat in Wasserwellen gelegt – sie schimmern zartlila. So findet man sie vor, am Piano, eingehüllt in ihren puderig-schweren Duft.

> Die Bekanntschaft mit Tante Delia, meiner Klavierlehrerin, hinterließ keine schönen Erinnerungen und verhalf mir – ungeachtet meiner Talente, zu keinen musikalischen Höhepunkten. Tante Delia war jenseits der 70 und für mich scheintot. Sie saß am Klavier, hielt die Augen geschlossen und begann schon nach wenigen Minuten zu schnarchen, um dann, durch schiefe Töne geweckt, mit ihrem Bleistift auf meine Finger einzuklopfen. Wir hatten keinen guten Start. Und weil sich daran auch im Laufe der Zeit nichts geändert hat, verließ mich die Lust, es meiner Schwester gleichzutun. Pipi hatte mehr Glück mit ihrer Klavierlehrerin und machte Fortschritte. Ich dagegen ließ das ganze

Theater über mich ergehen, Mutter zuliebe machte ich drei Jahre lang mit.

»Nimm dir ein Beispiel an Judith« – versuchte sie, meinen Ehrgeiz zu wecken. »Sie kann sämtliche Lieder aus dem Zionsliederbuch am Klavier begleiten«. Zwischen mir und meiner besten Freundin Konkurrenz zu schüren, war nicht fair, aber wenn es um den Gottesdienst ging und meine Rolle als Pastorentochter, war ihr jedes Mittel Recht. Nur, um mich aus der Reserve zu locken und ihr Ziel zu erreichen.

Aber damit weckte sie nur den Trotz in mir. Ich hatte es satt. Immer waren es die anderen, die besser waren – immer die anderen, die ihren Wünschen entsprachen. Widerwillig schleppte ich mich Woche für Woche zur Musikschule und tröstete mich in den Pausen mit bunten Zuckerlollys, die eine alte Frau im Haus nebenan verkauft hatte, oder mit gerösteten Esskastanien, die es am Straßenrand zu kaufen gab, wenn ich nach Hause ging.

Doch all meine Strategien, meine Bemühungen dabeizubleiben, weiter zu klimpern waren vergeblich. Nicht einmal die nagelneuen schwarzen Lackschuhe, die ich anlässlich des Schülerkonzerts jedes Jahr geschenkt bekam (wir präsentierten unser Können vor Publikum), konnten mich halten. Alles war besser, als mich noch länger mit Tante Delia und ihren Launen herumzuplagen.

Gegen Ende der dritten Klasse – also mit neun Jahren, fasste ich einen Entschluss, nahm all meinen Mut zusammen und leistete Widerstand. Zum ersten Mal. Was sollte schon passieren?

Mit aller Entschiedenheit trat ich vor meine Eltern und erklärte ihnen, dass ich nicht mehr zur Musikschule will. Ich könnte die schnarchende Alte, die mir auf die Finger schlug, nicht länger ertragen, und ich wollte auch keine Experimente mit einer neuen Lehrerin wagen. Mit dem

Klavierspielen sei für mich Schluss. Ein für alle Mal! Und – welch ein Wunder! Widerstandslos wurde meine Entscheidung hingenommen. Für mich schier unglaublich: Die Musikschule war Geschichte. Hätte ich es doch bloß früher gewagt! Dabei musste ich nicht einmal auf meine geliebten Lackschuhe verzichten. Denn Großvater schenkte jedem von uns Kindern einen Geldschein zum Geburtstag, für ein Paar »Otata Schuhe«, wie er dazu sagte.

Ich betrat neue Wege, tat meine ersten Schritte in Richtung Freiheit. Doch damit fingen die Probleme erst richtig an.

»Was um alles in der Welt hast du dir dabei gedacht?« – der Großvater klang ernst. Das Huhn war tot, und sie war schuld daran. Die Tür zum Plumpsklo stand offen, sie sah noch ein letztes Mal, wie das Tier in seiner Verzweiflung laut gackernd hinein geflattert war, nachdem sie es über den ganzen Hof gejagt hatte.

Und dann war es still. Nur ihr Herz pochte laut, und es dröhnte in ihren Ohren. Was wird der Großvater dazu sagen? Das Huhn fand sein Ende in der Jauchengrube – ein grausamer Tod. Nur ihretwegen … Ihretwegen musste es elend krepieren. Dabei mochte sie Hühner so gern. Schon immer wollte sie eines fangen, es knuddeln.

Sie saß auf der Außentreppe, die in den ersten Stock zum Hauseingang führte, hatte sich auf der untersten Stufe postiert. Von dort hatte sie alles im Blick: Das Gartentor und auch den Treppenaufgang zur Werkstatt. Sie durfte Otata nicht verfehlen! Musste ihm beichten.

Sie betrachtete ihre Hände: Wie eingetrocknetes Blut, kam ihr in den Sinn. Ihre Handflächen rotbraun. Dabei stammten die Flecken von der jodhaltigen Schale der frisch geernteten Nüsse, die sie zuvor geschält hatte. Junge Walnusskerne – köstlich! Für diesen Genuss musste sie jedes Jahr im September, wenn die Nüsse reif wurden, scheckige Hände in Kauf nehmen.

Warum dachte sie an Blut? An das Blut des Tieres etwa, das ihretwegen sterben musste? Es war kein Blutvergießen wie beim

Schlachten. Und auch nicht wie bei einem Opfertier, wie im Alten Testament. Viel eher ... sie mochte den Gedanken nicht zu Ende denken ... aus Langeweile.

Sie grübelte. Die Schuld fraß sich allmählich durch bis zu ihren Eingeweiden, ihr Magen krampfte. Mit gebeugtem Oberkörper saß sie da und erhoffte Linderung. Sammelte Wörter, die den Großvater milde stimmen könnten, es war ein Unglück, würde sie ihm erklären, ein Unfall.

Und als er dann endlich aufgetaucht war, mit schweißgetränktem Hemd und feuchter Stirn, sein Gesicht gezeichnet von der Anstrengung der Gartenarbeit, hatte sie sich getraut, ihm alles zu erzählen. Sie konnte es nicht länger für sich behalten. Es musste raus. Und dann überschlugen sich alle Worte, die sie hierfür gesammelt hatte – alle Sätze. Wie sich alles zugetragen hat, und dass es ihr leidtäte, beteuerte sie. Dass sie sich erhoffte, er könne ihr verzeihen, denn sie kann es nicht ertragen, wenn er ihr böse ist.

Und dann fiel alles Schwere von ihr ab, denn es fielen nur ein paar mahnende Worte. Großtata wollte, dass sich so etwas nicht wiederhole, und so weiter. Sein milder Blick aus den blassgrünen Augen bedeutete Vergebung. Von nun an würde sie den Hühnerhof nur noch betreten, um Eier einzusammeln, versprach sie reumütig. Erleichterung, fürs Erste.

Dennoch passierte es immer wieder, dass die Langeweile an ihr klebte, lästig wie ein alter Kaugummi. Auch hier, im neuen Zuhause vermisste sie etwas. Es gab so viele einzigartige Verstecke – Geheimplätze, die sie im Schuppen entdeckt hatte oder in der Scheune, auch auf dem Heuboden oder im Kuhstall gab es welche. Dennoch: etwas fehlte. Etwas, was sie schon länger vermisst hatte. Freunde. Klari, und Miki. Spielgefährten. Diese fand sie nur, wenn sie sich zufällig zur gleichen Zeit im Garten aufhielt. Dann traf sie unverhofft auf andere Kinder; auf die weltlichen. Kurze Begegnungen am Gartenzaun.

Das Gartengrundstück, das der Großvater einst erworben hatte, verlief parallel zu dem der Nachbarn und reichte bis hinunter, bis zum Zentrum der Stadt. Die weitläufigen Gärten boten sich an, die Nachbarskinder zu treffen, fern der Ermahnungen der Mutter. Mit ihnen Ball- oder Verstecken zu spielen und länger unentdeckt bleiben. Doch die Mutter pflegte manchmal die »stille Stunde«, wie sie ihre persönliche Andacht nannte, im Garten unter dem Birnbaum abzuhalten. Dann tauchte sie unerwartet auf, und ruckzuck war es vorbei mit dem Vergnügen.

Kinder – wie könnt ihr nur? Es gibt so viel zu tun! Das Unkraut wächst meterhoch, und ihr habt nichts als Spielen im Sinn? So helft mir doch! Auch euer Großvater könnte ein paar helfende Hände gebrauchen …

Immer musste sie alles verbieten – verderben! Spielen mit anderen Kindern war ihr ein Dorn im Auge. Nichts konnte man ihr Recht machen. Es war schwer, die Mutter zufriedenzustellen.

»Nach dem Jäten gehe ich mit euch Eisessen«, hatte sie manches Mal versprochen, oder in den Park zum Schaukeln. Doch nie kam es dazu! Das Mädchen versuchte sich zu erinnern: War sie jemals mit der Mutter Eisessen? Nein, da gab es keine Erinnerung. Auch kein einziges Mal war sie mit ihnen auf dem Spielplatz. Versprechen einzulösen, gehörte nicht zu ihren Stärken. Meist warteten andere, wichtigere Aufgaben auf sie. Das Baby. Der Haushalt. Die Chorprobe. Die Orchesterprobe. Eine schier endlose Kette an Verpflichtungen. Dabei waren stets Hausmädchen an ihrer Seite, die mit ihr den Haushalt führten, sie entlasteten. Dennoch war sie unzufrieden – gereizt. Oder sie verbreitete Hektik um sich herum, so dass man gut daran tat, die Weite zu suchen.

Es war die Werkstatt des Großvaters, die sie als ihren Zufluchtsort wählte. Wenn die Eltern Streit hatten, flüchtete sie dorthin, oder um irgendwelchen Pflichten zu entkommen. Dort roch es immer etwas nach Azeton, auch der Bunsenbrenner hinterließ einen eigenwilligen Geruch. Eine unverwechselbare Mischung, unter die sich der Duft reifer Äpfel mischte, denn die Werkstatt beherbergte außer Uhren jede Menge Äpfel. Jede freie Fläche war belegt mit der Ernte aus dem Garten. Es war der vertraute Geruch, aber auch seine fast lautlose Anwesenheit, die beim Mädchen die Sehnsucht weckte, zu bleiben. Und sie durfte bleiben, wann immer sie kam, solange sie wollte.

Am liebsten kam sie nach der Schule zu ihm. Ihr Weg führte geradewegs auf die Chaiselongue hinter dem Vorhang, denn der Großvater bewachte seine Uhren Tag und Nacht. Fremdes Eigentum, ihm anvertraut. Manch eine Kostbarkeit darunter. Früher, vor dem Krieg machte er Geschäfte mit den jüdischen Kaufleuten, hatte der Bruder ihr erzählt, er soll immer noch einen Goldbarren aus dieser Zeit besitzen. Wo er ihn wohl versteckt hält, spekulierten sie gemeinsam, und sie musste ihm immer wieder versprechen, dieses Geheimnis für sich zu bewahren.

Da saß er nun, mit gebeugtem Rücken, in der bekannten Pose. Womöglich bekommt er eines Tages den gleichen Buckel wie der Glöckner, dachte sie, während er, den Zwicker eingeklemmt – sein drittes Auge, geduldig die filigranen Teile einer Uhr untersuchte. Nahm die Taschenuhr auseinander, säuberte sie, baute sie wieder zusammen. Stundenlang.

Und wenn Kundschaft die Werkstatt betrat, hörte sie hinter dem Vorhang alles mit. Alltagskram, der sie wenig kümmerte. Doch eines fiel auf. Stets war der Großvater an seinen Mitmenschen und ihren Nöten interessiert. Manchmal verschenkte er Eier, die er normalerweise für Geld verkaufen wollte. Aber wenn er auf Armut traf, konnte er nicht anders. Weil er seit seiner Befreiung aus Russland und der Hungersnot nicht aufhören konnte, zu danken. Dem lieben Gott, dass er noch lebte, und seinem Schicksal, dass er genug zu essen hatte.

Als Uhrmacher kannte man ihn in der ganzen Stadt, den Herrn Nösner, den einstigen Juwelier. Seit der Enteignung hatte er kein Geschäft mehr, in den ehemaligen Räumlichkeiten befand sich jetzt ein Brotgeschäft, und er war nur noch Uhrmacher. Er stammte aus einer alteingesessenen Familie in Reen, Kind eines Gerichtsvollziehers, der seinen Nachwuchs mit preußischer Strenge erzog. Bei Tisch war es so still, erzählte er, dass man sogar eine Fliege hat summen hören. Von dreizehn Kindern war er der Jüngste.

Ständig zog er den Hut zum Gruß, wenn er unterwegs war, immer in Anzug und mit Krawatte, samstags wie wochentags, doch Letzteres hatte nichts Gutes zu bedeuten. Denn wenn er unter der Woche aufs Amt musste, kehrte er meist verstört und wütend zurück, die Hunde sollen auf mein Grab scheißen – hörte man ihn fluchen, was er sonst nie tat, und sie erfuhr den Grund und konnte es nicht begreifen. Wie konnte man dem alten Mann alles wegnehmen, Stück für Stück? Alles, was ihn am Leben erhielt. Sein Grundstück – seinen Garten.

»Große Uhren machen tick-tack, tick-tack«, – hallte es in ihr wider. Die Zeit war nicht stehengeblieben, aber der Kinderreim von einst hatte sich fest in ihrem Gehörgang eingenistet. Sich einen Platz reserviert, so, wie sie jetzt den Platz hinter dem Vorhang für sich reserviert hielt, auf unbestimmte Zeit. Denn, wenn sie dort lag, dachte sie kaum daran, zu schlafen. Auch die leidigen Hausaufgaben mussten warten. Sobald sie ihr Refugium bezogen hatte, packte sie zur Tarnung die Schulbücher aus, und dann begann die schönste Zeit des Tages. Seit sie gelernte hatte, wie sich Buchstaben zu Wörtern fügen und Wörter zu ganzen Sätzen, begab sie sich nur zu gerne an andere Orte. Bilder belagerten ihren Kopf. Sie schlüpfte in die Rolle der Scarlett O'Hara und übte Rache an ihren Peinigern, Seite an Seite mit dem Grafen von Monte Christo. Auch war sie bestens befreundet mit dem Glöckner von Notre Dame – sie alle wurden zu ihren Vertrauten, zu ihrer Familie. Mit ihnen war das Leben so viel aufregender, gerechter.

Und der Großvater fragte nicht nach – ließ sie in Ruhe. Es schien ein stilles Abkommen zwischen ihnen zu geben, keiner störte den anderen. Nur die Uhren tickten laut. Tickten in einem Wettstreit babylonischen Ausmaßes um die Wette, hängende und stehende, lautere und leisere. Portionierten die Zeit in einem wirren Kanon, ohne Unterlass. Ab und zu ertönte ein Gong oder eine Melodie. Ein Rhythmus, der ins Ohr ging, an diesem Ort ohne Zeit und Raum, hinter dem Vorhang. Mit dem Lesen fing das Leben an.

Ein Ereignis war von so großer Bedeutung, dass Vater es unbedingt in einem anständigen Familienfoto festhalten wollte, und wir gingen zum Fotografen. Das Foto zeigt uns im Jahr 1969: Ich hänge vornübergebeugt an seiner Schulter, mit langen Zöpfen und verträumten Blick, mein kleiner Bruder tut das Gleiche an Mutters Seite, die beiden Großen mittig zwischen den Eltern, und wir alle blicken hoffnungsfroh in die Kamera. Besser: in die Zukunft.
Denn in diesem Jahr haben wir erstmals einen Ausreiseantrag gestellt, um als Familie nach Deutschland auszuwandern. Es herrschte Aufbruchstimmung im ganzen Land – viele Deutschstämmige hofften darauf, ausreisen zu dürfen, seitdem der Freikauf von Rumäniendeutschen durch die Bundesrepublik besiegelt war. Der rumänische Staat brauchte Geld. Unter dem Decknamen »Geheimsache Kanal« gab es ein Abkommen, in dem sich Rumänien bereit erklärte, auf einige seiner deutschstämmigen Bürger zu verzichten – gegen Kopfgeld. Gestaffelt, je nach Alter und Bildung, gab es für einen einfachen Bürger 1.700 DM, für einen Studenten 5.000 bis 7.000 DM, für einen Akademiker etwa 10.000 DM. Deutschland zahlte zwischen 1967 und 1989 insgesamt mehr als eine Milliarde Deutsche Mark für etwa 230 Tausend auswanderungswillige Rumäniendeutsche.

Unser Antrag wurde damals abgelehnt, ohne Begründung. Das Familienfoto wurde ins Album geklebt, doch unser Entschluss, das Land zu verlassen, blieb bestehen. »Wir lassen Gras darüber wachsen«, sagte Vater beiläufig. Allen war klar: Wir geben nicht auf. Gleichzeitig war uns Kindern der Ernst der Lage bewusst – wir durften uns auf keinen Fall verplappern!

Ab da begann Vater, neue Pläne zu schmieden, riskantere. Wenn die Verwandten aus Nürnberg zu Besuch kamen, mussten sie jedes Mal wichtige Dokumente mitnehmen, für uns hinausschmuggeln, und drüben aufbewahren. Auch sie wurden an der Grenze streng kontrolliert, doch sie waren sehr erfinderisch bei der Wahl ihrer Verstecke. Zeugnisse und andere Papiere würde man kaum zwischen Damenbinden vermuten. Und sie behielten recht – jedes Mal lief alles glatt. Ein neues Abenteuer hatte begonnen.

Das Leben plätscherte weiter, und am siebten Tag der Woche wiederholte sich stets das Gleiche. Sie hat sich einen Platz gesucht, ziemlich weit hinten in der viert- oder drittletzten Reihe. So kann sie später unbemerkt verschwinden, wenn der Gottesdienst zu Ende ist und die üblichen Begrüßungsrituale einsetzen, wenn sich alle wieder dem Alltäglichen zuwenden – na, wie geht es der Tante, ist sie bei guter Gesundheit, und wann besucht ihr uns mal wieder? Die Fragen der Gemeindeglieder kennt sie nur zu gut, sie spielt es in Gedanken durch, wem sie wohl entkommen kann und wem nicht, und stellt zufrieden fest, dass der Platz im hinteren Drittel der Stuhlreihen, von ihr klug gewählt war. Doch sich allzu sehr in Sicherheit wiegen, während sie sich schon am Ende des Gottesdienstes wähnt – in Gedanken zumindest – sollte sie besser nicht, denn die ersten Köpfe, die sich nach ihr umdrehen und sie mit einem freundlichen Lächeln im Stillen bedenken, bestätigen, dass sie so leicht nicht entkommen wird.

Ein Lächeln hier, ein Kopfnicken dort, manchmal auch schnell hin geflüsterte Sätze im Vorbeigehen – die Geschwister im Glauben haben ihre Anwesenheit augenblicklich registriert, so sehr sie sich auch darum bemüht hat, unbemerkt zu bleiben, um all dem lästigen Getue zu entkommen. Dem klebrigen Händedruck des alten Mannes – dem feuchten Kuss, den man ihr unerwartet und mit größter Selbstverständlichkeit auf die Wange drückt, und hoffentlich nicht auch noch auf den Mund! All das lässt sie über sich ergehen.

Du musst ein Vorbild sein, hört sie die Mutter sagen. Widerwillen zeigen, wäre undenkbar. Sie ist kaum zehn Jahre alt, doch den Sabbat feiern von früh bis spät, in einer schier endlosen Aneinanderreihung von Gesang, Gebet, Predigt und Gedichten, von Chorliedern und Instrumentalstücken, fällt ihr schwer, während draußen vor dem Gotteshaus – ausgerechnet samstags – Markt abgehalten wird. Unter die Chorgesänge mischen sich daher auch jetzt die Stimmen der Marktschreier, die in wenigen Metern Entfernung ihre Melonen anpreisen, und ein wenig erinnert sie das an die Geschichte von Jesus, der im Tempel die Händler austrieb. Sie hört sie jeden Sabbat, die biblischen Geschichten, vormittags und nachmittags, und nicht selten auch spät abends. Seitdem ihr kleiner Bruder auf der Welt ist, der Nachzügler, der schlagartig ihr Nesthäkchen Dasein beendet hat, darf sie immerhin nach dem Nachmittagsgottesdienst heimgehen, vielmehr – sie muss! Denn der Kleine muss beaufsichtigt werden, weil Mutter alle Hände voll zu tun hat, aber nicht mit dem Kleinen, sondern mit der Chorprobe im Anschluss an den Gottesdienst, und allerlei anderen Verpflichtungen, die eine engagierte Pastorengattin auszeichnen. Eine glückliche Fügung des Schicksals – jetzt braucht sie keine Ausreden mehr, sie kann den Saal verlassen, denn zuhause wartet ein hilfloses Wesen auf sie, das seinen Mittagsschlaf beendet hat und beschäftigt werden will.

In Gedanken hastet sie schon die Neugasse hoch, die lange Allee, die bergauf und zum Krankenhaus führt, und zu ihrem Zuhause. Vorbei an altherrschaftlichen Villen und schmiedeeisernen Zäunen, hinter denen sie Reichtum und Glück vermutet, jedes Mal, wenn sie dort vorbeigeht. Manchmal wagt sie einen längeren Blick hinein. Meist ist dort niemand zu sehen, was ihre Neugier und ihre Fantasien noch mehr anheizt. Ein Graf könnte dort wohnen …

Jäh wird sie aus ihren Gedanken gerissen, die ersten Akkorde des Harmoniums wurden angestimmt, ausgerechnet von ihrer Mutter, was die Gemeinde zum gemeinsamen Singen auffordert. Nun ist es erstmal vorbei mit dem Träumen, sie muss den Nachmittag über sich ergehen lassen, wie jeden Sabbat – die Sabbate kommen ihr endlos lang vor.

Obendrein fühlt sie sich ständig unter Beobachtung. Zwar einer freundlichen, gut gemeinten, zum Teil bewundernden Beobachtung, aber lästigen, obwohl sie Sabbats stets das Gleiche trägt, den dunkelblauen Faltenrock mit der weißen Bluse. Die Haare brav zu zwei Zöpfen geflochten, nur die zwei roten Kirschen fallen auf, ihr Haargummi. Das einzige, was sie schmückt.

Der Raum ist wie immer gesteckt voll, entsprechend schlecht die Atemluft. Verbraucht, mit einem Hauch von Gladiolen – sie schmücken vorne das Podium, und dem von süßlichem Damenparfüm, der einem Stofftaschentuch entwichen ist.

Sie hat eine empfindliche Nase, das zeichnet sie aus, Segen und Fluch zugleich, alles um sie herum nimmt sie wahr. Sogar das Harmonium scheint zu atmen. Ein Geruch, der sie an Staub und Mottenkugeln erinnert.

Der Zeiger der Uhr rutscht nur langsam weiter, und sie flüchtet sich wieder in Träumereien in der Hoffnung, das Ganze bald hinter sich gebracht zu haben. Sie wird sich beim letzten Amen aufschwingen und ohne sich umzublicken verschwinden, und wenn sie jemand fragen sollte, warum sie geht, wird sie den wahren Grund nennen, ihren kleinen Bruder, der schon längst wach sein müsste, und die alte Tante, die ihn in ihrer Obhut hat und bestimmt am Rande ihrer Belastbarkeit.

Gegen vier Uhr ist es dann so weit. Sie verlässt das Gotteshaus, so wie sie es betreten hatte – geduckt. Zieht draußen den Kopf noch tiefer ein, will schließlich von niemandem gesehen werden, schon gar nicht von den eigenen Schulkollegen, die hier vorbeilaufen, wenn sie in den Stadtpark zum Flanieren gehen. Die ganz genau Bescheid wissen, was für eine Stätte sich hinter der unscheinbaren Fassade verbirgt.

Sie fühlt sich unwohl – der Geschwister wegen, die sie einfach zurücklässt, der Schulkollegen wegen, die sie am Montag in der Schule zur Rede stellen würden. Also, nichts wie nach Haus.

Unterwegs muss sie den Betrunkenen ausweichen, möglichst einen großen Bogen um sie machen; davon gibt es in dieser Stadt zu jeder Tageszeit genug. Sie muss die Schritte so wählen, dass sie schon an ihnen vorbei ist, noch bevor diese zu einem Links- oder Rechtsschwenker ausholen, dabei nicht vergessen, die Luft anzuhalten, bis sie sich in sicherem Abstand zu ihnen befindet.

Die Schritte werden immer kürzer, hastiger, als könnte sie all das nicht schnell genug hinter sich lassen. Bald führt der Weg am Friedhof vorbei, wo Großmutter liegt, »die liebe Mama«, der Mutter seit ihrem zwölften Geburtstag nachtrauert. Ein Besuch am Grab ist schon seit jeher ein Muss, jeden Sabbat Nachmittag, wenn sie mit der Mutter heimgeht. Das lässt sich diese nicht nehmen. Von der traurigen Stimmung schier erdrückt, versucht sich das Mädchen abzulenken, mit den hübschen Engelchen aus Stein, die die Gräber bewachen, und mit dem efeuberankten Marmor, wo allerhand Namen und Jahreszahlen in Goldschrift zu lesen sind, und jetzt ist es einfach nur froh, ohne Mutter unterwegs zu sein, und dass es schnurstracks nach Hause kann.

Am Hauptplatz angekommen, wo die Neugasse ihren Anfang nimmt, wird sie vom verführerischen Duft gegrillter Hackwürstchen überfallen – ihre Sinne. Sie holt tief Luft, fühlt sich frei ohne der Mutter und ihren Ermahnungen, das ist Schweinefleisch und nix für uns, wie sie immer kategorisch verneint, wie sie ihren Kindern sogar verbietet, eine Nase voll »Mititei« zu nehmen. So heißen die verbotenen Würstchen, und sie genießt ihre neu gewonnene Freiheit und deren Duft. Eines Tages – so schwört sie sich, wird sie ganz bestimmt diese Mititei probieren. Aussichten, die sie beflügeln, sie denkt nicht mehr an das, was sie unmittelbar erwartet. Vermutlich ein anstrengender Nachmittag mit einem quengelnden Dreijährigen, und sie beeilt sich. Vergisst sogar die Verlockungen, den Park mit den Schaukeln lässt sie links liegen, wenn auch die Gelegenheit jetzt günstig wäre.

Schaukeln, am Sabbat! Das gehört genauso auf die lange Liste der Verbote und Gebote, wie vieles andere auch, was die Mutter aus inquisitorischer Überzeugung verfolgt. Und wenn es sein muss, lässt sie ihren Worten Taten folgen, holt nach Sonnenuntergang die Rute hervor und erteilt die notwendige Züchtigung.

So ist das mit dem Sabbat, und zweifellos ist der Sabbat am schönsten, wenn er vorbei ist, denkt sie, und während sie das tut, streift ihr Blick eines dieser romantischen Anwesen, hinter deren Wänden sich Graf und Gräfin gerade ein Festmahl gönnen, ganz sicher mit gegrillten Hackwürstchen und all den schönen Leckereien, die verboten sind, und die auch sie eines Tages erwarten, sobald sie erwachsen ist.

Wenn ich groß bin …, nimmt sie sich vor, und verstaut alle ihre Wünsche und Sehnsüchte in einem großen, unsichtbaren Koffer, der vorerst verschlossen bleibt. Den sie noch lange mit sich herumschleppen wird, solange zumindest, bis sie als Pfarrerstochter zuhause wohnt. Denn noch ruhen aller Augen auf ihr.

In der Glaubensgemeinschaft meiner Familie wurde der Sabbat als Ruhetag gefeiert, aber es gab noch weitere Parallelen zum Judentum und dem alttestamentarischen Glauben, wie Schweinefleisch, das strikt verboten war.

Im Krämerladen an der Ecke, wohin mich Mutter fast täglich zum Einkaufen schickte, roch es unwiderstehlich gut. Der Duft von Mortadella und Salami führten an, verdrängten alle übrigen Gerüche, den von frischem Brot oder von Kernseife, denn auch Haushaltsartikel setzten Duftmarken. Im Stillen beneidete ich die Bauarbeiter, die ihr Pausenbrot dort gekauft haben, mit Salami belegte Brötchen oder anderen Wurstwaren. Das alles war für uns unrein. Jeden Spaziergänger im Park, der am öffentlichen Grill sich Hackwürstchen kaufen konnte, habe ich beneidet. Nichts zu machen! Alles war aus Schweinefleisch. Nicht, dass Mutter keine gute Köchin abgegeben hätte. Bei uns gab es regelmäßig Faschiertes – also Frikadellen aus Rinderhack, mein Leibgericht. Doch Würstchen oder Salami, die koscher waren, gab es in keinem Laden zu kaufen, auch nicht auf dem Wochenmarkt.

Vater, der solche Spezialitäten schätzte, kam eines Tages auf die Idee, Großvaters Kalb zu schlachten. Eigens für diesen Zweck, um eigene, koschere Wurst herzustellen. Er bestellte einen Metzgermeister ins Haus, der für uns aus dem Schlachtfleisch Würste herstellen sollte.

Als es eines Tages so weit war, verwandelte sich unsere Wohnküche in eine Metzgerei, in der es immer wieder merkwürdig roch, vor allem, wenn die Gedärme aufbereitet wurden, um gefüllt zu werden. Zunächst schien es, als sei Vaters Vorhaben geglückt. Unser Dachboden war voll von den frischen Salamistangen, die an einer Schnur gehängt trocknen sollten. Doch dann, als wir uns endlich darüber her machen durften, um sie zu probieren, war die Enttäuschung groß. Die Wurst war knüppelhart. Ans Schneiden in Scheiben war gar nicht zu denken. Etwas hatte gefehlt. Zu wenig Fett? Das falsche Fett? – es ließ sich nicht genau sagen. Wir aßen geriebene Salami auf Brot, und am Ende musste die gute Wurst als Kochwurst herhalten. Immerhin – Vater hatte es versucht, denn er wollte uns Kindern eine Freude bereiten. Aber das Projekt ging gründlich schief, und als einmaliges Erlebnis in die Familiengeschichte ein.

Wie die meisten Kinder, glaubte auch sie an Magisches. Immer wieder geschahen kleinere und größere Wunder, auch in ihrem Leben. Nur, wie könnte sie darauf Einfluss nehmen, war jetzt die Frage, die sie dringend beschäftigte. Stattdessen wurde sie immer besser im Wünschen. Darin war sie Meisterin. Sie konnte sich Dinge mit einer solchen Inbrunst wünschen, dass es ihr beinahe körperlich wehtat. Und Wünsche hatte sie unendlich viele.

An dunklen Wintertagen wünschte sie sich Schnee. Sie stand am Fenster, vor ihr reihten sich die hohen Tannen, die das elterliche Grundstück säumten, kerzengerade auf, und sie träumte davon, wie schön diese in ihrem Winterkleid aussehen würden. Wenn sich dann – wie aus dem Nichts – eine erste Flocke aus dem Einheitsgrau löste und zu Boden schwebte, meinte sie fast, über Zauberkräfte zu verfügen.

Ihr Wunsch war in Erfüllung gegangen. Und während sie zusah, wie sich zur ersten Schneeflocke weitere hinzugesellten, Hunderte und Tausende, glaubte sie einmal mehr an Wunder. Dass Dinge in Erfüllung gehen, wenn man sie sich nur von ganzem Herzen wünscht.

In Bezug auf Weihnachten und dem dazugehörigen Weihnachtsbaum mit Geschenken darunter sollte sich das nicht so schnell bewahrheiten, zumindest nicht, solange sie ein Kind war. Denn sie hatten nie einen Weihnachtsbaum. Und es gab auch keine Bescherung. Plätzchen in der Vorweihnachtszeit – das war das einzige Zugeständnis der Mutter an Weihnachten. Sie backte Honigbusserl und Blätterteigstangen, bastelte Adventskalender. Doch wenn man die Türchen öffnete, kamen Bilder von Englein mit Bibeltexten zum Vorschein, aber gewiss keine Süßigkeiten.

Der ganze Rummel um den Tannenbaum – ein heidnischer Brauch, hämmerte ihr die Mutter ein. Auch, dass sie ein Vorbild zu sein hätte, als Pastorenkind. Sie wusste, was das bedeutete. Verzichten. Aber genau das fiel ihr unendlich schwer. Sie liebte nämlich die bunten, glitzernden Dinger, die man an den Baum hängte und die sie nur zu sehen bekam, wenn sie bei den Nachbarskindern war. Die traditionelle Weihnachtsbaumdekoration in ihrer Gegend bestand aus Salonzucker, das heißt aus Pralinen, die in buntes Stanniolpapier gewickelt waren und die man wie Girlanden an den Weihnachtsbaum hängte. Das hing damit zusammen, dass im ungarischen Sprachraum der Tannenbaum, der Tradition gemäß im Salon aufgestellt und mit Pralinen behängt wurde. Es war die Geburtsstunde vom Salonzucker.

In den Genuss der leckeren Pralinen, die abwechselnd mit Nougat, Marzipan oder Fruchtgelee gefüllt waren, kam sie – in Ermangelung eines Weihnachtsbaumes – nur äußerst selten. Meistens dann, wenn unverhofft Besuch auftauchte und Salonzucker als Gastgeschenk mitbrachte.

Es war aussichtslos, auf einen eigenen Weihnachtsbaum zu hoffen, so viel war klar. Die Mutter würde in diesem Punkt niemals nachgeben. Doch die Leidenschaft für alles Schöne, war beim Mädchen ungebrochen. Der Lichterglanz und die Farbenpracht der Weihnachtsbäume zogen sie magisch an.

Sie musste handeln. Sobald es dunkel war, stahl sie sich mit ihrer Schwester davon, um Weihnachtsbäume zu bewundern. Die der anderen. Im Dunkeln fiel es nicht so auf, wenn zwei Kinder sich die Nasen an fremden Fensterscheiben plattdrückten.

Am Ende der Straße, wo der Bürgermeister eine hübsche Stadtvilla bewohnte, hatte es sich am meisten gelohnt. Dort stand in einem Erkerfenster der schönste Weihnachtsbaum, den sie je gesehen hatte! Fasziniert vom Licht der Kerzen, in denen sich buntes Stanniol in den schönsten Farben brach, war ein weiterer Wunsch geboren. Später werde ich auch einen Tannenbaum haben – nahm sie sich vor.

Später, wenn ich groß bin.

Schneetreiben. Meterhoch türmen sich weiße Berge am Straßenrand. Alles wird zugedeckt, jedes Geräusch geschluckt, während die Schneeflocken ihren wilden Tanz aufführen, ohne Unterlass. Nur dort, wo der Gehweg frei geräumt ist, hört sie es unter ihren Füßen knirschen. Unter den neuen Schnürstiefeln, die sie zum Geburtstag bekommen hat. Unter die man Schlittschuhe schnallen kann, wenn man will. Endlich hat auch sie welche, fällt nicht mehr aus der Reihe, die anderen Kinder laufen schon seit Jahren auf Kufen. Sie denkt an die riesige Pfütze, die zur Eisplatte erfrieren soll, hoffentlich, über Nacht. Vorsorglich haben Bruder und Schwester eimerweise Wasser herangeschleppt, haben die Wiese zwischen den Obstbäumen im Garten überschwemmt. Dann hätte sie ihre eigene Eisfläche, morgen schon könnte sie dort üben – ihre Schlittschuhe ausprobieren.

Der Schlitten mit den schweren Eisenkufen, den sie dabei hat, lässt sich nur mühsam ziehen, doch sie ist bald am Ziel. Hört schon von Weitem das Juchzen der Kinder, sieht ihre bunten Mützen vorbeisausen, ein Schlitten jagt den anderen. Vom Ende der Neugasse, auf die sie jetzt zusteuert, bis nach oben, bis zum Rand des Ziegenwaldes ist der Buckel am steilsten. Und die Sprungschanzen, dicht hintereinander, bringen die Schlitten zum Fliegen. Schneller! Schneller! – ereifern sich fröhliche Kinderstimmen, und wer ganz vorne sitzt und Schlittschuhe anhat, saust wie der Blitz den Berg hinunter. Jetzt auch sie.

Doch ein falscher Schlenker, und das Gefährt kommt aus dem Gleichgewicht. Sie rudert noch, aber dann geht alles ganz schnell. Schon liegt sie da. Die Eisenkufen zeigen nach oben. Die Nase ist taub – noch spürt sie nichts. Doch dann leuchtet viel Rot auf dem weißen Schneeteppich.

Jemand hilft ihr auf, sie wird gestützt. Jetzt aber schnell nach Hause! Wieder sitzt sie auf dem Schlitten. Pipi, die große Schwester. Sie hat den Sturz mit angesehen, zieht sie hinter sich her. Gleich – gleich ist es geschafft. Nur noch wenige Schritte, dann ist das Tor erreicht.

Kaum angekommen, steckt sie ihre Füße, steif wie Eiszapfen, in das aufgeklappte Backrohr. Die milde Wärme des gusseisernen Herdes ist tröstlich. Währenddessen rösten Brotscheiben oben, auf der Herdplatte. Es gibt Knoblauchbrot, wie jedes Mal nach dem Schlittenfahren. Jetzt spürt sie, wie das Leben wieder in Finger und Zehen zurückkehrt. Auch das Rinnsal ihrer Nase ist versiegt, diese scheint nicht gebrochen. Die Mutter ist nicht zuhause, soll nichts davon erfahren. Das wäre ein Grund mehr, sie von allem, was gefährlich ist, fernzuhalten. Sie horcht in die Stille, auf das Knistern des Feuers, sieht Flammen auflodern, der Bruder hat ein weiteres Stück Holz ins Feuer gelegt. Kaum etwas, was sie noch mehr beruhigen könnte.

Aber an Sonntagen, wenn nicht genug Schnee lag, um Schlitten fahren zu gehen, der Winter sich langsam verabschiedete und die Nachbarskinder alle in ihren Häusern verschwunden waren, hatte sie Langeweile. Trödeln – die Zeit erschlagen. Etwas anderes kam ihr nicht in den Sinn. Sie hing ihren Gedanken nach. Davon hatte sie immerhin genug. All die bunten Päckchen, die noch immer an dem großen, öffentlichen Weihnachtsbaum – sie ließen ihr keine Ruhe. Warum stand der Baum – vor Wochen aufgestellt, immer noch im Zentrum der Stadt, und war immer nicht leergeräumt?! Was mochte sich wohl hinter dem roten, grünen und blauem Glitzerpapier verbergen? In Gedanken war sie schon dabei, eines dieser Schachteln zu öffnen, neugierig, wie sie war. Beinahe täglich schlich sie um den Tannenbaum herum. Denn er gehörte ihr, aber auch allen anderen in der Stadt, und letztendlich doch keinem. Niemand hätte sich getraut – auch sie nicht – nachzusehen, ob die Päckchen etwas enthielten. Vermutlich nichts. Das eine oder andere hing so tief, dass man es leicht hätte mitnehmen können.

Für wen wurden diese Geschenke verpackt? Und warum hingen sie immer noch am Tannengrün? Leere Schachteln. Wie leere Versprechen, kam es ihr in den Sinn. Das Gefühl der Enttäuschung kroch in ihr hoch, ein vertrautes Gefühl. Versprechungen und Vertröstungen – das war sie von klein auf gewohnt. Dabei blieben viele ihrer Fragen offen. So auch, warum der himmlische Vater etwas dagegen haben könnte, im Wohnzimmer einen Weihnachtsbaum aufzustellen. Eine zufriedenstellende Antwort waren ihr die Eltern noch schuldig geblieben.

Weihnachten war schon seit Wochen vorbei. Der Zauber des Bunten und Glitzernden war für die meisten verblasst, und mit leeren Schachteln konnte erst recht keiner etwas anfangen.

Sie ließ ihre Gedanken ziehen und blickte aus dem Fenster. Allmählich trat das viele Weiß den Rückzug an. Je mehr die Schneehaufen schrumpften, umso mehr Grün kam zum Vorschein, umso wahrscheinlicher wurde es, im Garten Schneeglöckchen zu finden.

Jetzt wusste sie, was zu tun war. Könnten vielleicht schon die ersten Frühlingsboten ihre weißen Köpfe recken? Sie musste nachsehen … Sie konnte sich nicht erklären, warum, aber auf einmal durchliefen sie Schauer des Glücks. Ihr war, als hätte jemand den grauen Schleier, der über allem lag, gelüftet, und sie konnte alles in Farbe sehen. Wie ein Weckruf war das.

Und dann war sie nicht mehr zu bremsen. Die matschigen Schneehaufen, durch die sie stapfte, konnten sie nicht aufhalten, die aufgeweichten Erdklumpen, die an ihren Stiefeln klebten, würden sie kaum hindern. Vorwärts! – trieb die Neugier sie an. Sie musste sich auf der Stelle überzeugen, als Erste vor Ort sein.

Zug um Zug nahm sie den Geruch von nasser Erde in sich auf, den Geruch des Modrigen, der dem kümmerlichen Schnee entwich. Der Boden unter ihren Füßen wie der Brustkorb eines Riesen, der sich hob und senkte, mit jedem Atemzug stieß die mächtige Lunge weitere Reste des nasskalten Winters aus. Darunter zartes Frühlingsgrün, das sich empor drängte – ans Licht.

Sie roch das Grüne. Die Farbe des Aufbruchs lag in der Luft. Lag überall. In den Schneeresten, die längst Schmutzränder bekommen haben und sich allmählich in Pfützen verwandelten. Im lauen Wind, der am Himmel die Wolken vor sich hertrieb, wie ein Hirte seine Schafe.

Bald. Bald wird es vorbei sein mit der Langeweile, sagte sie sich. Bald ist es Frühling. In der Natur fand sie Gewissheiten. Und alles andere als leere Versprechen.

Schneeglöckchen und Veilchen im Garten konnten nur eines bedeuten: Es ging aufwärts! Der lange dunkle Winter war vorbei, und mit dem Frühling kam neues Leben ins Haus. Auf dieses eine Ereignis, meist um Ostern herum, fieberten sie alle hin. Auf das Schlüpfen der Küken.

Die Glucke, die allein und isoliert in einer dunklen Ecke des Vorratskellers ihre Eier bebrütet hatte, wo auch das Krautfass mit dem Sauerkraut aufgestellt und den Kindern der Zutritt verboten war, bekam man nur selten zu sehen. Immer nur dann, wenn die Sauerkrautköpfe im Fass gewendet werden mussten oder wenn die Mutter eines der Kinder nach Kartoffeln und Wurzelgemüse geschickt hatte. Die reiche Ernte aus dem Garten steckte jetzt in einem aufgeschütteten Sandhaufen, was beinahe den halben Keller einnahm. So hatte der Großvater Gemüse haltbar gemacht. Die

Glucke hielt die Augen stets geschlossen, als befände sie sich in einem Dauerschlaf, schlummerte in der Dämmerung vor sich hin. Man durfte sie keineswegs stören.

Doch dann, eines Tages …

Der Großvater klatscht laut in die Hände, und alle im Haus eilen herbei. Die Geburtsstunde der Küken naht. Unvergessliche Augenblicke, wenn sich so ein winziger Schnabel den Weg nach draußen bahnt. Die Eierschale bekommt Risse – bricht. Und dann die Überraschung: Gelb oder Schwarz? Endlich befreit, rollt ein flauschiges Knäuel nach dem anderen aus der Eihülle heraus, kullert zu Boden, um schon bald darauf von den eigenen Füßen Gebrauch zu machen. Wackelig, aber strebsam eilen die Küken in alle Himmelsrichtungen davon. Emsiges Gewusel und Gezwitscher füllen den Raum. Noch so ein Wunder, staunt das Mädchen! Neues Leben. Wie aus dem Nichts.

Das Schlüpfen der Küken feierten sie jedes Jahr wie ein Fest. Was für ein Glück, etwas so Zartes streicheln zu dürfen! Jedes der Kinder durfte einmal ein Küken in der Hand halten. Danach überließ man sie der Obhut des Großvaters.

Ostern war wieder so ein heidnisches Fest. Wieder hieß es kategorisch: Das ist nichts für uns! Allgegenwärtige Empörung bei Sitten und Bräuchen, die heidnischen Ursprungs waren. Bunt gefärbte Eier, das ist ein Zeichen für Fruchtbarkeit – sowas gibt es bei uns nicht, erklärte die Mutter zum x-ten Mal. Und schon gar kein Blumengießen! Alle anderen, außer uns, folgten dem Brauch. Denn Ostermontag war alles auf den Beinen, was männlich war, in kleinen Gruppen zogen Jung und Alt durch den Ort, klopften an und wurden eingelassen.

»Wir haben gehört, Sie haben in diesem Haus eine Blume, wir möchten sie begießen, damit sie nicht verwelkt«, lautete der Spruch, der dem Blumengießen vorausging, und alle Mädchen und Frauen machten mit. Es war ein Ritual, der sie von Mal zu Mal in einen neuen Duft hüllte, der ihnen unzählige Parfümspritzer aus namenlosen Flacons bescherte, wie auch die Herren – reich an der Zahl, gerne namenlos blieben. Heimliche Verehrer, getarnt als Mitläufer, als einer unter vielen. An der Anzahl der Blumengießer ließ sich die Beliebtheit der Mädchen und Frauen ablesen, so viel war klar. Im Gegenzug bekamen die Jungs bunt gefärbte Eier geschenkt, die Erwachsenen auch mal einen Schnaps, und so ging es feuchtfröhlich weiter, bis in den späten Abend hinein.

Bei uns war das Tor schon frühmorgens abgesperrt. Großvater verzichtete an diesem Tag sogar auf seine Kundschaft, so sehr lag ihm daran, den heidnischen Osterbrauch von uns fernzuhalten. Pipi und ich standen am Fenster, hinter vorgezogenen Gardinen, sahen hilflos zu, wie die Jungs aus unserer Klasse vergeblich am Tor standen, vergeblich daran rüttelten. Großvater dachte nicht im Traum daran, das Tor zu öffnen. Und so schauten wir zu, wie sie wieder von dannen zogen. Es war vergeblich, zu hoffen. Darauf, endlich dazuzugehören.

Immer waren wir anders. Immer Zaungäste, die dem Spektakel beiwohnen, doch unsichtbar bleiben. Ostern – eine weitere Gelegenheit, aus dem Rahmen zu fallen. Nach den Feiertagen hatten alle Kinder in der Schule bunte Eier dabei. Wir nicht. Sie tauschten oder verschenkten sie gegenseitig. Wir nicht. Zumindest waren wir von langen Osterliturgien, wie das bei anderen Glaubensrichtungen der Fall war, verschont geblieben. Vaters Predigt am Karsamstag war eine Predigt wie an jedem anderen Sabbat auch. Die einzige Besonderheit, warum ich mich auf Ostern freuen konnte, war das Osterlamm – unser Festmahl am Ostersonntag. Jedes Jahr holte Vater das frisch geschlachtete Tier vom Markt, und Mutter bereitete es mit viel Knoblauch und Kräutern im Ofen zu. Dazu gab es einen schlichten, lauwarmen Kartoffelsalat, angemacht mit roten Zwiebeln, Essig und Öl.

»Komm, Csibe – setz dich zu mir!« Die Stimme des Vaters klang warm und weich, in seinen Augen funkelten kleine Sterne. Selten genug bekam sie ihn für längere Zeit zu sehen, meist war er die ganze Woche unterwegs. Jetzt saß er an seinem Schreibtisch, und als ihr Kopf im Türspalt erschien, blickte er auf. Sie ließ sich nicht lange bitten. Machte es sich im Besuchersessel bequem, der neben dem Schreibtisch stand und begann auf ihrem Block zu zeichnen. Zwischendurch blickte sie zu ihm hinüber. Er machte Notizen. Blätterte in der Bibel und in anderen Büchern. Unterstrich Textstellen mit einem Lineal. Telefonierte. Dabei lachte er hin und wieder auf.

Er lachte gern. Diesmal machte er sich lustig über sein Telefon – über das rote, in dem es regelmäßig knackte, sobald er zu sprechen begann. Ernst und mit erhobenem Zeigefinger vor dem Mund gebot er ihr, still zu sein. Dann rief er ein betontes »Halloooo« in den Hörer – das »o« besonders langgezogen, wobei sich seine Stimme am Ende zu einem Fragezeichen kringelte. Er zwinkerte ihr dabei zu oder nickte wissend mit dem Kopf.

Mit dem gleichen Augenzwinkern, mit dem er das Telefon in Rot angeschafft hatte, nahm er sein Schicksal in die Hand und die Umstände in Kauf, regelmäßig abgehört zu werden. Er hatte sich gefügt. Doch jetzt forderte ihr fragender Blick eine Erklärung ein. Jetzt sah er die Zeit gekommen, seine Jüngste in gewisse Geheimnisse der Erwachsenenwelt einzuweihen. Nachdem er aufgelegt hatte, setzte er eine dieser Mienen auf, die Ernsthaftigkeit vortäuschte, aber schon bald darauf wurde diese von einem spitzbübischen Schmunzeln widerlegt, das seinen Schnurrbart umspielte.

»Weißt du eigentlich, warum wir ein rotes Telefon haben, Csibe?« – fragte er bedeutungsschwanger und mit gespielter Unschuld.

»Wenn Nixon und Breschnew miteinander ungestört telefonieren wollen, ohne dass jemand sie belauscht, dann benutzen sie das rote Telefon«, verkündete er allwissend.

Nach und nach erfuhr das Mädchen bei dieser Gelegenheit, was es mit dem heißen Draht zwischen Kreml und Washington auf sich hatte. Und, dass sich irgendwo, hinter dem Eisernen Vorhang ein zwillingsgleiches Gerät befand. Nur mit dem Unterschied, dass sie – hier und jetzt und womöglich für immer, abgehört wurden. So wuchs das rote Telefon mit seiner Geschichte, die bis in den Kreml reichte – bis zu den Größten der Weltherrschaft, in den Augen des Kindes zu einem Kuriosum heran. So oder so: Alle am roten Telefon geführten Gespräche würden von nun an und für immer in die Geschichte eingehen.

Sie saß gerne beim Vater. Auch wenn sie längere Zeit schwiegen und jeder seiner Beschäftigung nachging, war es kein einsames Schweigen. Immer war die Stille erfüllt mit Gedanken, die zwischen ihnen hin- und herwanderten.

Inzwischen war die Zeichnung, die sie zuvor begonnen hatte, fertig geworden. Ein Mann sitzt im Auto und muss stark bremsen. So stark, dass seine Fersen den Boden durchbohren und auf dem Asphalt Funken schlagen. Zuvor hatte sie die Karikatur in einer Zeitung entdeckt und brachte jetzt mit ihrer Skizze den Vater zum Staunen. Dann – schallendes Gelächter. Es war die größte Anerkennung für sie, er hatte Tränen gelacht!

Und sie war stolz. Aber weniger auf ihr Werk, das nicht der eigenen Fantasie entsprungen war – es war vielmehr sein Lachen. Den Vater zum Lachen zu bringen … Wenn seine Augen vor Begeisterung strahlten, war sie überglücklich. Es war seine Lebensfreude, die alles umarmte, die alles möglich werden ließ. Sie war süchtig danach.

Gab es irgendwo einen Ort, wo sie nicht abgehört werden konnten? Nicht im großen Garten hinter dem Haus! Und erst recht nicht in dem Dorf am Ende der Welt. Das war der Ort, wo der Vater geboren wurde, und wo sie jeden Sommer die anderen Großeltern besuchten.

Gleich zu Beginn der großen Ferien, also Mitte Juni, steckten sie zu dritt im Beiwagen des Motorrades – eine abenteuerliche Reise stand ihnen bevor, über holprige Landstraßen mit reichlich viel Staub. Umso größer die Vorfreude. Dort erwartete sie Großmutter Esther mit einem dicken Strauß Jasmin in der Vase, während Großvater Ferenc sein Lächeln im Überfluss verschenkte. In der angenehmen Kühle des kleinen Bauernhauses mit der Holzveranda davor das bescheidener kaum sein konnte, war die Sommerhitze verglimmt. Sogar die Unpässlichkeiten der Fahrt waren schnell vergessen. Als Auftakt gab es stets das Gleiche: Hühnchen in Pfifferlingrahmsoße, dazu Polenta und Gurkensalat.

Es folgten Tage der Glückseligkeit. Die Kirschplantage, die der Großvater gepachtet hatte, war jetzt von den Enkeln belagert, Tag für Tag. Sie taten nichts anderes, als Kirschen zu ernten und sie zu essen. Und erlebten wilde Abenteuer.

Das Dorf am Ende der Welt.
Uhren zählen hier zu einem Luxusgut, auf das man gut verzichten kann, denn Zeit gibt es im Überfluss. Alle Tätigkeiten unterliegen dem natürlichen Rhythmus von Helligkeit und Dunkelheit. Abends sitzt man beim Schein der Petroleumlampe beisammen, isst etwas und geht früh schlafen.

Der Ort hat den Anschluss an die Zivilisation verpasst – jemand hat an der Zeituhr gedreht. Wie auf einer Reise ins vorige Jahrhundert fühlt man sich. In den Häusern fehlt fließendes Wasser und elektrisches Licht. Die Großmutter schleppt Wasser in Eimern heran, der Brunnen ist einen Fußmarsch von zehn Minuten entfernt, weiter weg, in der Nachbarschaft, denn selbst einen Ziehbrunnen gibt es nicht in jedem Hof. Die Straßen ungeteert, voller Schlaglöcher. Wenn der Wind weht, erstickt man förmlich im Staub. Doch sobald es zu regnen beginnt, verwandelt sich die lehmige Erde in einen klebrigen Morast, dem man so leicht nicht entkommt. Groß und Klein versinkt knietief im Matsch. Hier läuft man barfuß, wie früher der Vater. Immer wieder erzählt er davon. Wie er in seiner Kindheit immer barfuß lief, bis spät in den Oktober hinein. Es gab nur ein einziges Paar Schuhe für die ganze Kinderschar. Und nur wer etwas Wichtiges zu erledigen hatte, durfte das Schuhpaar tragen.

Torboszló (rumänisch Torba) ist kaum 40 Kilometer von der Kreisstadt Neumarkt entfernt, und dennoch im siebenbürgischen Nirgendwo. Schlichtweg in Vergessenheit geraten. Denn kaum, dass der Vater die Kinder abgeliefert hat und das Knattern seines Motorrads in der Ferne verklingt, versinkt der Ort in einer Stille, die sonst nirgends zu finden ist. Weder Flugzeuge noch Autos sind zu hören. Oft dauert es Wochen, bis überhaupt ein Fahrzeug das Dorf durchquert.

Dafür ist das Schnattern der Gänse und das Krähen der Hähne allgegenwärtig. Hie und da bellt ein Hund, oder es blöken die Kühe, wenn sie allabendlich von der Weide zurückkehren, ansonsten herrscht selige Ruhe. Eine nie gekannte Stille kehrt ein. Wo kann man so etwas noch erleben.

Der Großvater, von Beruf Zimmerer, hat seine Werkbank im Schuppen einstauben lassen, hat seinen Beruf aufgegeben. Es hatte nicht gereicht, sagt er, um davon zu leben. Jetzt gehört seine ganze Leidenschaft den Bienen. Honig machen. Verschiedene Einnahmequellen, wie die Pacht der Kirschplantage sichern den Lebensunterhalt.

Sieben Kinder – in einem so kleinen Haus! Jedes Mal, wenn sie die gute Stube betritt, kann sie das kaum begreifen. Dann gibt sie sich völlig hin, dem betörenden Duft des Jasmins! Schon auf der Schwelle nimmt sie ihn wahr, beim Eintreten ins Zimmer kann ihre Nase nicht genug davon kriegen. Erst schnuppern, dann tief Luft holen – am besten auf Vorrat! Die Lieblingsblumen der Großmutter werden spontan zu ihren. Dann nimmt sie die schlichte Einrichtung ins Visier. Mittig das große Ehebett, auf weitere Möbel wurde verzichtet. Links und rechts gehen zwei Räume ab. Rechts führt die Tür zur Wohnküche, die in der kälteren Jahreszeit genutzt wird. Das winzige Zimmer auf der linken Seite, dient als Vorratskammer und Gästezimmer gleichermaßen. Hier lagert der Großvater das Wachs für die Bienen. Sein Duft erinnert an die leckeren Honigwaben, es gibt sie statt Bonbons zum Auslutschen, sobald der neue Honig fertig ist.

Im Gegensatz zum Vater, gibt der Großvater eine zierliche Gestalt ab. Er trägt einen schwarzen Filzhut, im Sommer einen Strohhut, ohne Kopfbedeckung sieht sie ihn nur vor dem Schlafengehen. Seine blauen Augen scheinen von Jahr zu Jahr immer größer zu werden, in dem schmalen eingefallenen Gesicht. Er ist oft krank. Meist plagt ihn sein Asthma, und wenn nicht das, dann macht ihm sein Leistenbruch zu schaffen. Ein metallener Stützgürtel mit ledernem Bezug soll Abhilfe schaffen; ein willkommenes Spielzeug für die Enkel. Über dem Pyjama getragen sieht es besonders komisch aus, und dann sieht man den Großvater endlich lachen.

Er ist zu bewundern. Immer ist er freundlich, auch wenn ihn Schmerzen plagen. Wenn er lacht, lacht er hauptsächlich mit seinen himmelblauen Augen, während der weiße, gezwirbelte Schnurrbart seine Zahnreihe verdeckt. Selten hört man den Großvater klagen. Überhaupt gibt er wenig von dem Preis, was in ihm vorgeht.

Die Großmutter dagegen – die Einzige, die den Kindern geblieben ist, ist gesprächiger. Eine untersetzte Frau mit krummen Rücken – bald wird ein Buckel daraus – und einer viel zu großen Brille, sie trägt stets ein dunkles Kopftuch, passend zu ihren dunklen Kleidern mit ebenso dunklen Schürzen darüber, als würde sie immer Trauer tragen.

Nur ihr Lächeln widerspricht all dem, ein Siegerlächeln. Nie würde sie sich geschlagen geben. Nicht sie. Neun Kinder brachte sie zur Welt, zwei davon starben. Im Krieg war sie mit ihnen allein, in Ängsten und Hungersnot. Wenn sie schweigsam ist, dann deshalb: Es ist zu schmerzhaft, was sie zu erzählen hat. Sie spricht wenig, und so erfährt das Mädchen kaum etwas darüber, was sie über die Enkel denkt, oder über die Welt.

Sie ist eine stille Regentin ihres Hauses, allem voran ihrer Sommerküche. Diese befindet sich auf Kellerebene, mit direktem Zugang zum Garten und zum Vorratskeller. Lange war der Keller ein geheimnisumwitterter Ort, und eines Tages, als sie alt genug ist, um zu begreifen, erzählt der Vater, was sich hier einmal zugetragen hat. Er erzählt ihr vom tragischen Tod des Bruders, des Erstgeborenen, der sich mit einundzwanzig das Leben nahm. Vier Tage vor seiner eigenen Hochzeit – alles in Vorbereitung auf das Fest – jagte er sich eine Kugel in den Kopf. Ausgerechnet hier, in diesem Keller. Ein Ereignis, von dem sich der Vater, damals 17, für lange Zeit nicht erholt hat, von den Eltern ganz zu schweigen. Aber das gutmütige, bescheidene Wesen der Großeltern hätte allen dabei geholfen, zurechtzukommen, berichtete der Vater. Daher würde aus diesem schicksalhaften Ort, niemand mehr ein Familiengeheimnis machen.

»Sie sind einfache, aber sehr lebenskluge Menschen«, betont der Vater immer wieder, wenn er von seinen Eltern spricht, die er als Vorbilder zutiefst bewundert und verehrt.

Seit sie von dem besagten Ereignis weiß, kann sie nicht umhin, an die düsteren Geschehnisse zu denken, sobald sie in der Sommerküche sitzt. Doch dann überwuchert das Leben alles Vergangene – hier findet jetzt ihr Leben statt. Sie halten sich tagsüber ausschließlich in der Sommerküche auf, sie kochen, backen und essen. Dabei sitzen sie auf Holzstrünken um den runden Tisch herum, den der Großvater geschreinert hat. Es gibt Paluckes mit Milch, Paluckes mit Pfifferlingragout, Paluckes in allen Variationen – das heißt, Polenta. In der Ecke der behäbige Steinbackofen, einmal die Woche backt die Großmutter darin Brot, während der festgestampfte Lehmboden unter ihren Füßen nicht nur leicht zu pflegen ist, sie verhilft zu einer angenehmen Abkühlung in der Sommerhitze.

Dann die Zeit in den Kirschen: Unvergesslich! Der Großvater hat eine wetterfeste Behausung gebaut, eine Laubhütte aus lauter Zweigen, wo er meistens übernachtet, um die Ernte zu bewachen. Die Kirschbäume sind so niedrig, dass man die vollbehängten Zweige bequem ohne Leiter erreicht. Aus dem Verkauf der Kirschen auf dem Wochenmarkt kommt etwas Geld in die Haushaltskasse, und doch sind genug Früchte da. Alle können Kirschen essen, so viel sie wollen.

Kirschen! Ihre Lieblingsfrucht. Für immer verbunden mit der unbeschwerten Zeit in Torboszló. Es erinnert sie an die Wolkenbrüche mit Blitz und Donner, im Schutz der Laubhütte. An den beschwerlichen Weg nach Hause, wenn man im Matsch nicht vorwärtskommt. An ihre eigenen Schatten, die ihnen wie Gespenster entlang der weißgetünchten Hauswände in der Dämmerung folgen. An traumlose Nächte auf einer Matratze aus Stroh. An den typischen Rauchgeruch, der den Tag einläutet.

Wie der Hahnenschrei.

Wie das Hundegebell.

1971 bekamen wir unser erstes Auto. Vater, der einst mit Pferd und Kutsche seine Karriere als Pastor begann, hatte einen steilen Aufstieg gemacht. Auf die Pferdekutsche folgte ein Fahrrad, später stieg er auf Motorräder um. Der Benzingeruch des Zweitakters haftete ihm stets an, wenn er abends nach Hause kam, doch mit der Zeit und der wachsenden Kinderschar waren auch die Zweiräder passé. Er schaffte sich ein Motorrad mit Beiwagen an, und so wenig die Straßen Rumäniens asphaltiert waren, so viel mehr Staub schluckten wir Kinder damals, eingepfercht zu dritt in der kleinen Nussschale. Da ich die Jüngste war, packte man mich auf die beiden Geschwister obendrauf. Ich saß zuoberst – eine Tortur war das! Ein einziges Ruckeln und Schaukeln. Und Übelkeit mein ständiger Begleiter.

Doch jetzt sollte die Ära der Motorräder für immer vorbei sein. Ein Auto – und was für eines! Ein Schmuckstück von einer Limousine, noch dazu aus Westdeutschland! So manch einer wird uns darum beneiden. Stolz und voller Bewunderung nahmen wir das Fahrzeug in Empfang. Im ganzen Landkreis gab es genau zwei Exemplare vom viertürigen »Badewannenmodell«, das in der Länge viereinhalb Meter maß. Zwischen Skoda, Wartburg und Trabant, den gängigen Automarken auf den Straßen Rumäniens, zählte unser Taunus zu den Exoten.

Als ich viele Jahre später dasselbe Modell in der Vitrine des Kölner Stadtmuseums wiedersah, schlug mein Herz wie wild. Das Baujahr, 1960, mein Geburtsjahr. Der Ford Taunus 17M – ein Wahrzeichen von Aufschwung und Wohlstand der Adenauerära. Dass es auch für uns zum Vorboten von Wohlstand und Freiheit werden sollte, konnten wir damals nicht einmal erahnen.

Die Umstände, die uns dieses Auto bescherte, waren ungewöhnlich wie das Fahrzeug selbst. Ich kann mich nicht daran erinnern, dass über die Anschaffung eines Autos je nachgedacht wurde, doch stand es plötzlich vor der Tür. Eines Tages kam eine Anfrage über Großvaters Kundschaft. Jemand aus Westdeutschland wollte den rumänischen Verwandten einen größeren Geldbetrag zukommen lassen. Aber ein solcher Geldtransfer war im sozialistischen Rumänien undenkbar. Also schenkte uns der Unbekannte aus Deutschland seinen gebrauchten Taunus, Vater hingegen zahlte den vereinbarten Kaufpreis an dessen Angehörigen aus. Man half sich gegenseitig, wo es nur ging, und wir lebten ab sofort im Luxus.

Vater nutzte jede Gelegenheit, um sein Prunkstück spazieren zu fahren, so dass auch wir Kinder in den Genuss kamen, mit dem Auto zur Schule gebracht zu werden. Immer dann, wenn wir morgens knapp dran waren, weil Mutter die Andacht unnötig in die Länge zog, blieb fürs Frühstücken kaum noch Zeit. Dann drückte Vater jedem von uns eine Münze in die Hand, kauft euch ein Hörnchen davon, rief er uns am Schultor hinterher. Manchmal entschied er, die Dinge selbst in die Hand zu nehmen, und ich liebte es, wenn er uns Frühstück zubereitet hat. Dann gab es Herzhaftes, Rühreier mit Brotcroutons und Pfefferminztee, anstatt Marmeladenbrot mit lauwarmer Milch, von der mir regelmäßig übel wurde. Ich schaute ihm gerne zu, wie er die Brotstücke ins heiße Fett krümelte, dann wartete er, bis die Croutons Farbe bekommen haben, rührte die Eier darunter und ließ die Masse nur kurz stocken. Rühreier mussten samtig weich bleiben. An solchen Tagen fuhren wir alle fröhlich und zufrieden zur Schule.

Einmal, als ich mich auf dem Heimweg von der Schule befand, geschah etwas Merkwürdiges. Schon von Weitem hatte ich unser Auto erblickt, das am Straßenrand parkte. Fest davon überzeugt, dass Vati drinsaß, eilte ich darauf zu, öffnete mit aller Selbstverständlichkeit die Beifahrertür und setzte mich vorne rein. Während die Autotür ins Schloss fiel, blickte ich in ein fremdes Gesicht. Erschrocken fuhr ich zusammen. Das war nicht Vati! Schnell stieg ich wieder aus, murmelte eine Entschuldigung, und als ich auf das fremde Nummernschild blickte, wurde mir klar, dass ich mich gerade bei der Konkurrenz befand: Es war das andere Exemplar des Badewannenmodells, von dem alle im Landkreis sprachen, mit einem fremden Besitzer.

Das Auto zog die Blicke aller an, wo immer wir damit unterwegs waren. Für ein sauberes Weiß war mein großer Bruder zuständig. Er pflegte und wusch den Wagen vor dem Haus mit einem großen Schwamm, reichlich viel Schaum und vielen, liebevollen Streicheleinheiten. Vorsichtshalber wurde das Auto nur für kurze Zeit am Gehweg geparkt. Die Garage war immer noch der sicherste Ort für unseren Exoten.

Manchmal durfte ich vorne auf dem Beifahrersitz Platz nehmen, wenn Vater mir spontan vorschlug, ihm auf seinen Dienstfahrten Gesellschaft zu leisten. Dann konnte er sich von den Streitigkeiten, die er zuvor mit Mutter ausgefochten hatte, besser ablenken, und er unterhielt sich mit mir über dieses und jenes. Auch für mich bedeuteten diese Fahrten Entspannung, denn in jeder seiner Gemeinden gab es Leute, die ich mochte, die mich verwöhnten, so dass ich mich auf Besuche dieser Art stets freute. Je weiter wir uns von zuhause entfernten, glätteten sich seine Gesichtszüge zusehends, denn er genoss die Überlandfahrt in der chicken weißen Limousine, schließlich erntete er überall, wo wir mit dem Taunus auftauchten, eine gute Portion Bewunderung.

Später einmal – er war allein unterwegs, geschah etwas, was er nie wieder vergessen sollte. Ein Ereignis, das ihn nachhaltig amüsierte, mit tränenden Augen vor lauter Lachen, berichtete er immer wieder davon.

Unterwegs in ein Dorf, wo er die Predigt halten sollte, sah er schon von Weitem ungewöhnlich viele Menschen am Straßenrand stehen. Alle waren in heiterer Stimmung, als hätten sie nur auf ihn gewartet, winkten ihm aus der Ferne zu, und je näher er kam, jubelte die Menge umso lauter. Als er sie schließlich erreichte, regnete es Blumen aufs Auto – aufs Dach und auf die Motorhaube, und Vater rätselte, was gerade geschah. Dann fiel es ihm ein: Die Begrüßung galt einem anderen. Staatsoberhaupt Ceaușescu! Dieser bereiste gerade das Land, schwang große Reden, um die Bevölkerung für sich zu begeistern und ließ sich feiern. Ihm galt der der Blumenregen. Offensichtlich hatte die ungewöhnliche Limousine bei den Dorfbewohnern für ein großes Missverständnis gesorgt, so dass Vater unerwartet zu Ehren kam. Als Ceaușescu kurz darauf eintraf, waren die Hände der Enthusiasten leer, und alle Blumen auf der Straße verstreut.

Immer, wenn der Sabbat naht, kommt Hektik auf. Mutter braucht für alles eeeewig! Vor der Frisierkommode mit dem Klappspiegel gibt es Gedränge. Sie und die große Schwester wollen gleichzeitig dorthin, wollen sich herrichten. Während die Mutter sich frisiert, erhascht sie einen Hauch ihres Haaröls. Kein Parfüm. Das würde sie niemals tragen. Die Mutter bürstet ihre lange Mähne mit vielen liebevollen Bürstenstrichen, dabei hört man sie alle paar Minuten sagen, Kinder – der Sabbat kommt! – und alle werden furchtbar nervös. Der Vater hat sich schon vorsorglich auf den Weg gemacht, so brauchen sie sich nicht wieder zu streiten, und zumindest er kommt pünktlich zum Gottesdienst.

Fertig frisiert wirkt die Mutter noch strenger als sonst. Geradezu aufgeräumt. Jede widerspenstige Haarsträhne ist gebändigt, ordentlich muss man sein. Dann wickelt sie ihren langen Zopf zum Dutt – der Hallelujaknoten sitzt.

Auf die äußere Schönheit kommt es nicht an! Der Herr sieht das Herz an.

Jetzt ist sie auf und davon. So ein Sturkopf ...! Hatte ihr Anweisungen erteilt und ist abgerauscht. Und sie muss zusehen, wie sie damit zurechtkommt. Mit ihrem blöden Rock und ihrer schlechten Laune.

Dieser Rock ist viel zu lang! So läuft doch niemand mehr herum! –, hadert sie mit ihrem Spiegelbild, mit dem dunkelblauen Faltenrock. Dreht am Bund: einmal, zweimal. So ist es schon besser. Der Rock – eine Hand breit über dem Knie, damit kann sie leben. Mutter wird es nicht merken. Und wenn schon. Dann ist es eben zu spät. Die Stoffwurst, die sich in der Taille gebildet hat, deckt sie mit ihrer Strickjacke zu. Darunter trägt sie, wie immer, ganz nach Mutters Wunsch, eine weiße Bluse.

Dunkelblauer Faltenrock mit weißer Bluse. Der Standard, Sabbat für Sabbat. Als Pastorentochter. Weil es die Mutter schön findet, »feierlich«, wie sie das immer betont.

In der gleichen Aufmachung, dazu die rote Pionierkrawatte, und sie verwandelt sich auf der Stelle zur braven Pionierin. Dunkelblauer Faltenrock, weiße Bluse, rote Krawatte. Ihre Uniform in der Schule. Pflichtkleidung an allen Nationalfeiertagen, bei Aufführungen, beim Defilieren.

Immer dasselbe Einerlei ...

Nie wird sie freiwillig Dunkelblau tragen, nimmt sie sich vor. Dunkelblau ist ihr verhasst. Nichts wird sie sich je in Dunkelblau kaufen. Nicht jetzt und nicht später.

Hab' ich es dir nicht gesagt? Zwei fingerbreit über dem Knie – kürzer darf der Rock nicht sein, mein liebes Kind!

Die Mutter ist zurück. Zetert – wird laut. Hat es doch bemerkt. Missmutig wickelt sie den überflüssigen Stoff wieder herunter, sich widersetzen lohnt nicht, das gibt nur Strafen. Der Rock ist wieder knielang, ihre Laune im Keller. Mit halbem Ohr hört sie der Mutter zu, deren Belehrungen sie längst auswendig kennt.

Hab' ich dich umsonst Christine genannt? Du sollst eine Christin sein! Ich habe dich Gott geweiht. Du kannst nicht einfach tun und lassen, was dir gefällt. Du hast ein Vorbild zu sein!

Mutter …! Ihre Grundsätze hart wie Beton. Niemals würde sie nachgeben. Ihre Überzeugungen sind Gesetz. Zu allem Überfluss hat sie sie nach ihrer »lieben Mama« benannt, nach der Christine Nösner, die nicht mehr lebt. In ewiger Wiederkehr muss sie sich anhören, wie die Großmutter einmal war. Tapfer war sie, und fleißig. Anmutig. Zu jedermann freundlich. Immer bekommt die Mutter diesen verklärten Blick, wenn sie von ihr spricht. Ein Blick, der in die Ferne schweift und dann ihre Züge gefrieren lässt.

Doch sie? Muss sie sich all das überstreifen, nur weil sie den gleichen Namen trägt? Muss sie alles ertragen – tragen, was man ihr vorgibt, einen dunkelblauen Faltenrock mit einer weißen Bluse? Ob sie will oder nicht. Die Mutter bleibt beharrlich.

Auch deine Urgroßmutter, die Christine Moser war eine tapfere Frau …

Sie führt ihr Plädoyer fort, und ihre Augen beginnen zu leuchten. Ein Leuchten das überzeugen soll. Die liebe Omama. Sie hat ihren Hans, den Urgroßvater mit gerade mal 15 Jahren geheiratet, arbeitete stets hart im Haushalt und auf dem Feld, war gottesfürchtig.

Aber Furcht kannte sie keine, nicht einmal, wenn sie im Dunkeln über den Friedhof laufen musste …

Diese Geschichten kennt Christine längst. Was hat sie davon. Die Großmutter kennt sie nur von den Fotos und aus den Erzählungen der Mutter, das findet sie wenig überzeugend. Aber, müsste sie sich nicht geehrt fühlen? Immerhin hat die Mutter ausgerechnet sie auserkoren, den Namen ihrer Liebsten weiterzutragen, und das in dritter Generation.

Du bist eine Christin!

Die Worte der Mutter klingen wie eine Forderung in ihr nach. Immer, wenn sie ungehorsam ist, wenn sie vom »guten Weg« abweicht. Wenn sie unbemerkt an ihrem Rock dreht, damit er zum Minirock schrumpft, oder sie ihre Haare offen trägt, wie die Weltlichen, anstatt brav zu Zöpfen geflochten.

Ich habe dich Gott geweiht …

Was genau meint die Mutter damit? Könnte sie eines Tages geopfert werden, wie einst Isaak auf dem Altar – wie ein Opferlamm? Die Geschichte von Abraham und seinem Sohn kommt ihr in den Sinn. In Vaters Osterpredigt ging es kürzlich darum. Seine Augen waren riesig geweitet, folgten dem Schreckensbericht. Wie Isaak gerettet wurde … Abrahams Hand holte mit dem Messer aus, doch der Engel griff ein, hielt seine Hand fest. Rettung in letzter Minute.

Abraham hatte die Prüfung bestanden.

Und ihr Vater? Wird er auch geprüft werden? Könnte Gott ihm so etwas Grausames abverlangen, eines Tages? Sie grübelte und hoffte. Hoffte und ängstigte sich.

Christine betrat die Speis. Dort fand sie ihn, ihren großen Bruder. Sie nannte ihren Ejado. Von Anfang an, seit ihren ersten gestammelten Worten nannte sie ihn so.

Wieder einmal musste sie eine ganze Weile nach ihm suchen. Wieder war er nicht auffindbar. Und wie so oft, aus gutem Grund. Er hatte eine feine Spürnase. Kaum, dass Minitantes Walderdbeerkuchen fertig war, hielt er als Erster ein Stück in der Hand. Ein anderes Mal überraschte er alle mit frisch gekeltertem Traubenmost in einem Krug, den Glaubensgeschwister als Gastgeschenk mitgebracht hatten.

Es würde sich unbedingt lohnen, sich an ihn dranzuheften, dachte sie. Also eiferte sie ihm nach, in allem, was er tat, der große Bruder – ihr Vorbild.

Diesmal fand sie ihn sitzend auf dem Wäschekorb. Auf einem großen Stoß Bügelwäsche, die ihm als weicher Sessel diente, direkt unterhalb der Treppe, die auf den Dachboden führte. Er schien ganz vertieft in seine Lektüre. Offensichtlich übte die Speisekammer auf ihn eine magische Anziehungskraft aus, stellte das Mädchen fest, denn immer häufiger traf sie ihn dort an. Und nicht nur der Lebensmittel wegen, die in den Regalen lagerten. Hier trafen Nahrung für Körper und Seele aufeinander. In dem halbhohen Bücherregal links hinter der Tür, wo jedes der Kinder ein Regalbrett zur Verfügung hatte, um es mit Schulsachen zu bestücken, hatten sich zunehmend Romane unter seine Schulbücher gemischt.

In der Ecke, weit ausladend der antike Tisch, der früher Großvaters Esszimmer schmückte, mit einem wuchtigen Mittelfuß und einer quadratischen Tischplatte, die die Mutter mit einer Wachstischdecke abgedeckt hatte, um das kostbare Furnier vor etwaigen Topfrändern zu schonen. Hier lagerten Reste vom Vortag oder Speisen, die sie im Voraus gekocht hatte, denn nur ein Bruchteil fand Platz in dem kleinen Kühlschrank. Die Wände rundherum bis unter die Decke mit Regalen bestückt, trugen die Reichtümer aus Küche und Garten zur Schau – ein buntes Potpourri aus Eingewecktem, die Ernte vom Vorjahr.

Hier eingesperrt, müsste niemand verhungern, dachte sie. Sauer eingelegte Gurken und grüne Tomaten in riesigen Einmachgläsern, wetteiferten in Farbe und Größe mit den kleineren, mit Fruchtkompotts und Marmeladen, oder den Brotaufstrichen, überwiegend aus Auberginen und Paprika. Dazwischen jede Menge passierte Tomaten, rot wie Blut, abgefüllt in Literflaschen.

Der Junge schien sie nicht bemerkt zu haben. Sein Blick wie hypnotisch auf die Seiten eines Buches geheftet, das vor ihm lag. Eine gefühlte Ewigkeit stand sie wie angewurzelt da. Nur kurz blickte er auf – denn um keinen Preis wollte er gestört werden. Ob es »Die drei Musketiere« waren, die ihn gerade fesselten, oder Jules Verne – fragte sich die kleine Schwester. Diesmal würde sie sich nicht abwimmeln lassen. Blieb ruhig stehen. Wartete. So lange, bis seine langen Wimpern zu zucken begannen. Dann blickte er wieder zu ihr auf.

Was willst du? – fragte sein Blick.

»Ich will das auch lesen.«

»Aber das ist alles auf Ungarisch«, wendete der große Bruder ein.

So leicht würde er sie nicht loswerden. Mit was für einer Leidenschaft konnte er Bücher verschlingen! Und in welchem Tempo!

Schade – alles auf Ungarisch! Sie war die Einzige in der Familie, die von Anfang an die deutsche Schule besuchte, während Bruder und Schwester in die ungarische gingen.

Es wurmte sie, denn sie spürte auf einmal eine unbändige Lust auf das, was sich zwischen den Buchdeckeln verbarg. Wieder trieb ihre Neugier sie an. Und, anstatt den vielversprechenden Roman sich in deutscher Sprache auszuleihen, lernte sie das ungarische Alphabet. Es war gar nicht so schwer, denn sprechen konnte sie längst, und der Bruder brachte ihr nach und nach die Unterschiede bei. Ein paar Besonderheiten wie Konsonantengruppen, die sie sich merken musste, und schon konnte sie loslegen. Und dann – dann war sie unterwegs, in ferne Welten. Weit, weit weg …

»(…) Das Speisegemach war ganz aus Marmor mit antiken Reliefs von großem Wert. Prächtige Statuen trugen Körbe auf ihren Häuptern.

Diese Körbe waren mit köstlichsten Früchten pyramidenförmig angefüllt: Ananas aus Sizilien, Granatäpfel aus Malaga, Orangen von den Balearischen Inseln, Pfirsiche aus Frankreich und tunesische Datteln. Das Abendbrot bestand aus einem gebratenen Fasan mit korsischen Amseln garniert, Schinken vom Wildschwein in Gelee, Ziegenlamm á la Tatar, einem prächtigen Steinbutt und einem riesigen Hummer (...)«[1]

Augen und Ohren – ihre Sinne waren gefesselt. Sie begann, das Lesen zu lieben. Tauchte ab, wann immer es ihr möglich war, las nachts mit einer Taschenlampe unter der Bettdecke, tagsüber versteckte sie ihre Lektüre zwischen den Schulbüchern. Von nun an lebte sie Seite an Seite mit ihren Romanhelden und vergaß gelegentlich, wo sie sich wirklich befand. Die Speis mutierte zum historischen Schauplatz. Die Treppe führte nicht mehr auf den Dachboden, sondern in den Glockenturm der Notre Dame, und sie sah, wie der bucklige Glöckner Esmeralda auf seiner Schulter in den Turm schleppte, sie errettete. Auf derselben Treppe, auf der sich ein anderes Mal D'Artagnon und Athos heftige Fechtszenen lieferten, zur Verteidigung des Königs und seiner Geliebten.

Sie war stets dabei ...

In solchen Momenten erstrahlte die Vorratskammer in einem neuen Licht. Im Licht von Kerzen und Kronleuchtern. Es schien zu ihr herüber wie aus einer fernen Galaxie. Sie blickte wie durch einen Türspalt, ein ganzer Kosmos tat sich auf. Sie wollte nur noch eines: lesen. Alles Aufnehmen. Sich satt essen – satt lesen. Das Schmökern hatte ihren Appetit geweckt. Doch nicht auf Wachteln und Pasteten allein. Sie wollte mehr. Hungrig wagte sie einen weiteren Blick durch den Türspalt ins Licht ... stieß die Tür weiter auf, sehnte sich hinüber ins Helle ... Spürte eine unsagbare Energie, die sie durchströmte, die ihr ungeahnte Kräfte verlieh.

---

1 Alexandre Dumas: Der Graf von Monte Christo, Buchgemeinschaft-Ausgabe, Bertelsmann Verlag, Gütersloh, S. 205

»Ich führe das glücklichste Leben, das ich kenne. Ich bin Pascha, ich bin König der Schöpfung; gefällt mir irgendeine Gegend, so bleibe ich, langweile ich mich, so gehe ich wieder fort. Ich bin frei wie ein Vogel, ich habe Flügel wie er.«[2]

Als ich zum ersten Mal dem Grafen begegnet bin, war ich elf Jahre alt. Der »Graf von Monte Christo« wurde in der Welt der Bücher zu meiner großen Liebe. Und nicht etwa Scarlett O'Hara, das kecke, verwöhnte Mädchen aus den Südstaaten mit einer Heerschar an Verehrern, der ich zur gleichen Zeit in »Vom Winde verweht« verfallen bin. Beide Werke las ich voller Hingabe und Leidenschaft, bestimmt drei Mal.

Aber es war der Graf, der es mir angetan hatte. Ohne es zu merken, hatte ich ihn erwählt, und er wich mir nicht mehr von der Seite. Ich durchlitt mit ihm schlimmste Qualen und erlebte größte Freuden. Ich fieberte mit ihm, als er verraten wurde und zu Unrecht im Gefängnis saß. Ich teilte seinen Liebeskummer. Ich hasste die Intriganten, die ihm Böses wollten. Doch am allermeisten war ich von seinem unerschütterlichen Glauben an Gerechtigkeit und Freiheit fasziniert. Wie er immer wieder in neue Rollen schlüpfte, als geheimnisvolle und mächtige Person, für den Siegeszug der Gerechtigkeit. Bei ihm fühlte ich mich gut aufgehoben. Er begleitete mich durch meine ganze Kindheit. Ich spürte ihn mit Mantel und Degen hinter mir, wenn es mal brenzlig wurde, er sprach mir gut zu, wenn ich ratlos war. Ich genoss es, mit ihm zu tafeln und bewohnte seine prunkvollen Gemächer. Ich reiste mit ihm nach Rom. Wir lebten zusammen, der Graf und ich. Einfach unzertrennlich.

---

2 Dumas: Der Graf v. Monte Christo, S. 206

Sie hatte ihren Trainingsanzug eingepackt, warme Pullover und mehrere Strumpfhosen – nehmt genug warme Kleidung mit, hatte der Vater geraten. Noch war das Fieber nicht ganz gesunken, sie fühlte sich immer noch krank. Insgeheim hatte sie gehofft, sie könnte daheimbleiben, bei Großtata und Minitante, aber das kam nicht in Frage. Die ganze Familie war in Aufbruchstimmung.

Denn tief in den Karpaten, wo man auf keine Menschenseele trifft, dafür auf wilde Pferde, wo in den Nächten die Bären ihr Unwesen treiben – dort ist es selbst im Hochsommer lausig kalt. Trotz allem werden sie dort ihre Zelte aufschlagen. Denn dort findet jedes Jahr ein geheimes Treffen statt.

Schlimm genug, dass die Bespitzelungen auch in den eigenen Reihen zugenommen haben, sagt der Vater, das Misstrauen wächst. Man könne nicht genug achtgeben. Immer wieder diese »schwarzen Schafe«! Kaum noch einer, dem man über den Weg trauen kann. Also trifft man sich heimlich mit den Predigerkollegen, mit einigen wenigen, Vertrauenswürdigen. Das alljährliche Arbeitstreffen, getarnt als Familienurlaub. In einem dieser gottverlassenen Winkel der Karpaten.

Der Weg ins Nirgendwo war auch diesmal beschwerlich – die Kälte erbärmlich. Sie drang durch die Kleidung hindurch, ungeachtet aller Schichten. Der Vater hatte Recht, der Trainingsanzug hätte nicht ausgereicht. Je weiter sich das Motorrad von der geteerten Landstraße entfernte, über steinige Wege holperte, mit Kindern, die gegen Übelkeit ankämpften im Beiwagen, steuerte der Vater diesem unbekannten Ziel entgegen, das nur er kannte, und so manche Hürde war noch zu überwinden. Im Slalom um die Schlaglöcher herum, den Felsbrocken ausweichend – so schlängelte sich das Gefährt den Weg entlang, diesen unberechenbaren, denn hinter jeder Biegung könnte die Straße zu Ende sein, so kam es ihr vor – die Welt.

Die Erlösung von dem Geschaukel ließ noch einige Kilometer auf sich warten, stattdessen fesselte die Natur mit ihrer Wildheit, ihrer

Unberührtheit. Nichts gab es hier. Nichts als Stille. Nur die Geräusche der Waldbewohner zeugten von Leben. Nichts Menschliches. Keine Spur einer Zivilisation. Eisig klare Luft, die ins Gesicht schnitt, die wie frisch gewaschen roch. Zeit zum Durchatmen, Aufatmen.

Diesmal hatte es zuvor länger geregnet, sie drohten immerzu im Matsch stecken zu bleiben. Die Räder des Motorrads drehten durch und plötzlich hieß es, alle aussteigen, und dann sank auch beim Vater die Laune und jegliche Abenteuerlust ging verloren. Und die Mutter – die Mutter nutzte wie so oft die Gelegenheit, über das Abschaffen des Motorrades laut nachzudenken, als wäre es jetzt die passende Gelegenheit, aber schließlich fand alles ein gutes Ende und die Familie an ihr Ziel.

Dort warteten schon die übrigen Familien, waren dabei, ihre Zelte aufzuschlagen, und sobald das erledigt war, wurde ein großes Feuer gemacht. Feuermachen wurde täglich zur Notwendigkeit. Um zu kochen, aber auch, um sich abends an der Glut zu wärmen. Abend für Abend saßen Groß und Klein am Lagerfeuer, sangen Lieder und genossen die Wärme. In den Zelten dagegen herrschte Feuchtigkeit und Kälte. Wenn sie sich schlafen legten, behielten sie ihren Trainingsanzug an, schlüpften angezogen in den Schlafsack, und so manches Mal brauchte es einen warmen Pullover zusätzlich oder eine Decke obendrauf, bis sie einschlafen konnten. Oft saßen die Eltern noch bis tief in die Nacht am Feuer, auch ihr großer Bruder, und sie war froh, ihre Schwester neben sich liegen zu haben. Denn nicht selten näherten sich die Bären dem Zeltlager, ihr Brummen war deutlich zu hören.

Rau ging es beim Zelten zu! Sich frühmorgens im eiskalten Gebirgsbach zu waschen, wurde zur täglichen Mutprobe, wie auch der Gang zur Toilette. Ein Baumstamm als Sitzfläche, über eine Grube gespannt – die Väter mussten zuvor fleißig graben – ein einziger Balanceakt.

Und dann das Essen! Über offenem Feuer gekocht, schmeckte es immer gleich: nach Rauch. Meist gab es Paluckes. Die Rumänen sagten Polenta dazu, der Brei aus Maisgries – ein Armeleuteessen und gängiges Gericht. Die Variante mit dem geschichteten Schafskäse galt sogar als Nationalgericht in Rumänien. Und wer den ganzen Tag an der frischen Luft zugebracht hatte, war nicht wählerisch bei Tisch. Alle aßen, ohne sich über den Rauchgeschmack zu beschweren.

Das Schönste am jährlichen Zeltlager war, dass viele Kinder anwesend waren. Sie musste sich nicht, wie sonst, mit den Nachbarskindern heimlich verabreden. Hier traf man sich im Freien, spielte Volleyball oder im Wald Verstecken. Oder sie ließen ihre Boote den wilden Bach hinuntersausen. Eine Regatta mit Booten, die sie gemeinsam aus Zweigen und Blättern gebaut hatten.

Langweilig war es nie. Die Mutigen unter ihnen – Pipi gehörte dazu, trauten sich sogar auf den Rücken eines wilden Pferdes, wenn es den Größeren gelang, eines einzufangen. Ohne Sattel, mitten in der Wildnis! Nie im Leben wäre ihr sowas in den Sinn gekommen! Sie fühlte sich immer noch schlapp, die überstandene Grippe steckte ihr noch in den Knochen. Es genügte völlig, wenn die anderen von ihren Abenteuern berichtet haben. Allein schon das Brummen der Bären aus nächster Nähe zu hören, empfand sie als abenteuerlich genug.

Nach einer Woche nahte die Abreise. Doch zuvor sollte es einen Festakt geben. Alle Kinder wurden zu Waldensern geweiht.

»Was sind Waldenser? – fragte sie den Vater.«

»Waldenser – das sind in der Vergangenheit verfolgte Christen gewesen. Sie mussten sich wegen ihres Glaubens versteckt halten und lebten überwiegend in Wäldern und in Berghöhlen. In der freien Natur eben«.

In den Wäldern leben … Ohne Haus und Garten? Sie überlegte. Zum Waldenser werden – wozu das alles? Bestimmt hatte der Vater nicht vorgehabt, in den Karpaten zu bleiben, und auch sie hätte keine Lust dazu. Aber Waldenserin sein klang irgendwie heldenhaft und nach Abenteuer. Also willigte sie ein, und bei der feierlichen Zeremonie bekam auch sie einen Blumenkranz auf den Kopf, den alle Mütter gemeinsam aus Feldblumen geflochten hatten, und viele ehrenvolle Worte obendrein.

So ein Aufwand. Und das alles nur, weil sie sich dazu bekannt hatten, zu den »Verfolgten« zu gehören. Aber von einem Leben auf der Flucht konnte nicht die Rede sein. Kaum, dass die Zeremonie vorbei war, packten alle Familien ihre Zelte zusammen und fuhren nach Hause. Also war alles nur ein Spiel, und nicht ernst gemeint, dachte sie. So wie die wiederkehrenden Aufführungen im Kulturpalast. So wie die Pioniere, die dort geehrt wurden – alles nur Theater. Schnell geriet die Waldenserin in Vergessenheit.

Wieder zuhause angekommen, nahmen die Beschattungen zu. Minitante wirkte besorgt, sie waren schon wieder da, sagte sie im Flüsterton und mit bedeutungsvoller Miene, als könnte sie von den Falschen gehört werden. Zwei Männer in Zivil sind ums Haus herumgeschlichen während ihrer Abwesenheit, erzählte die Hüterin des Hauses. Sie hätten so getan, als gehörten sie zu Großvaters Kundschaft, als wäre es das Selbstverständlichste der Welt, sich auf einem fremden Grundstück herumzutreiben. Unfassbar!

Auch in den Nächten, wenn das Hundegebell kein Ende nahm, muss es so gewesen sein, dachte sie. Es dauerte manchmal die halbe Nacht, bis die Hunde zur Ruhe kamen. Wild kläffend, jagten sie über den Hof, tagsüber angekettet, nachts waren sie freigelassen, auch die Nachbarshunde. Manch einer von ihnen musste mit dem Leben bezahlen. Eines Tages auch Barry, ihr eigener Hund. Gift! – sagte der Großvater trocken, als er eines Morgens das Tier tot im Garten fand, und besorgte noch am selben Tag einen neuen Hund, einen schwarzweißgescheckten Welpen unbekannter Abstammung.

Vor allem, wenn Besuch aus Deutschland eintraf, wenn so ein Wagen mit deutschem Kennzeichen, dem »D« in der ovalen Plakette direkt vor dem Haus parkte, lockte es die Männer mit Anzug und Hut in die Strada Bucegi Nummer 21. Sie hatten immer dieselbe Wegstrecke vor sich. Schritten mit verschränkten Armen hinter dem Rücken auf und ab, bis zur Mitte der Straße, dann kehrten sie um, gingen den gleichen Weg zurück, mit eiserner Ausdauer und ebensolcher Miene. Stundenlang.

»Geh weg vom Fenster, Csibe!« – befahl der Vater, weil sich die Gardinen bewegt hatten, als sie den patrouillierenden Beamten in Zivil hinterhergaffte.

»Sie werden uns nichts tun, solange wir uns ruhig verhalten« – sagte er beschwichtigend, mehr wie zu sich selbst.

»Es ist nichts Verbotenes, Verwandte aus dem Westen zu empfangen.«

Walter und Lotte aus Stuttgart gehörten nicht zur Verwandtschaft. Vielmehr waren sie Geschwister im Glauben. Die große Überschwemmung 1971 hatte sie uns förmlich »herangespült«. Seit Wochen hatte es geregnet. Der Himmel hatte alle Wasservorräte über dem Land ausgekippt, und es hieß, die Wassermassen hätten einige Brücken weggeschwemmt. Straßen waren gesperrt, ganze Ortschaften vom Rest der Welt abgeschnitten. Walter und Lotte, ein Ehepaar aus Baden-Württemberg, die sich auf einer Rumänienreise befanden, hingen fest.

»Könntet ihr sie aufnehmen?«, fragte ein befreundeter Pastor bei Vater an, »es sind Leute aus Deutschland«. Ohne zu zögern, sagte Vater zu, und das fremde Paar war für zwei Wochen bei uns einquartiert. Und weil man Gäste wie Könige empfängt, hatte sich Mutter viel Arbeit aufgeladen. Hühner wurden geschlachtet, seltene Mehlspeisen dufteten im Ofen, es wurde alles aufgefahren, was Haus und Hof zu bieten hatte, aus lauter Gastfreundschaft. Aus den fremden Touristen wurden unmerklich Freunde. Sehr gute Freunde. Denn ab da kamen Walter und Lotte jeden Sommer uns besuchen. Dank ihnen wehte eine Brise aus dem Westen zu uns herüber: Immer hatten sie reichlich Geschenke dabei. Für uns Kinder Kaugummi, die gelben Whrighleys, und Haselnussschokolade mit ganzen Nüssen darin, die himmlisch schmeckte. Für den Jüngsten, inzwischen vier, waren bunte Luftballons mit Farbverlauf das Allergrößte. Mutter hatte die kostbaren Lux-Seifen, die sie bekam, schnell zwischen der Wäsche versteckt, denn sie verbreiteten ihren Wohlgeruch im ganzen Kleiderschrank. Dort hortete sie auch die Nylonstrümpfe, von denen sie inzwischen ein Dutzend besaß. Jede Laufmasche einzeln stopfen war nicht mehr nötig.

Walters und Lottes Besuche weckten Sehnsüchte in uns – schürten Hoffnungen. Zwei Jahre waren vergangen, seitdem unser Ausreiseantrag als Familie abgelehnt wurde, inzwischen war »Gras darüber gewachsen«, wie Vater es prophezeit hatte, und jetzt wagte er es, unsere neuen Freunde ins Vertrauen zu ziehen. Mit Plänen für die Zukunft, jenseits der Landesgrenzen. Dabei konnte er jede Unterstützung gebrauchen.

Es war ein gewöhnlicher Sommerabend. Sie wartete, bis die Dämmerung der Dunkelheit wich, bis alle Konturen verschwunden waren, und auch sie zu einer dieser Silhouetten wurde, die sich schattenhaft auf den Straßen bewegten.

Mit einer Plastiktüte in der Hand verließ sie das Haus, schritt ihrem Ziel entgegen, das nur wenige hundert Meter von ihrem Zuhause entfernt, und ihr doch unbekannt war. Nicht aber der Inhalt der Tüte, in der sich lauter gute Dinge befanden, aus Deutschland: feine Seifen und Seidenstrümpfe, ein Klappschirm, dazu Schokolade und zwei Stangen Zigaretten. Jawohl, Zigaretten. Und so etwas wollte der Vater verschenken?

Schnell waren die Fragen verscheucht, denn nachdem sie in die Neugasse abgebogen war, trennten sie nur noch wenige Schritte von ihrem Ziel. Es war dunkel, und sie musste sich konzentrieren, ja nicht den falschen Eingang zu nehmen.

Nun stand sie vor dem großen bogenförmigen Tor, ihr Herz klopfte wie wild, sie wusste nicht, wie es drinnen aussah, ob sie sich in dem Hof, den sie erstmals betrat, zurechtfinden würde. Sie drückte gegen das Holztor, und es gab nach, kein großes Hindernis, aber es hatte gequietscht, und sie fragte sich, ob in diesem Hof ein Hund leben würde. Doch nichts tat sich.

Ihre Füße tasteten sich langsam vorwärts über das Kopfsteinpflaster, sie durfte ja nicht stolpern, aber die Dunkelheit machte sie rasend. Sie realisierte, dass sie sich in einem Innenhof befand, mit mehreren Eingängen, aber wie sollte sie den richtigen finden, wenn es stockfinster war?

Mit jedem Schritt wurden ihre Beine bleiern schwer, am liebsten wäre sie umgekehrt, nach Hause gerannt. Dort wartete der Großvater sicher schon mit dem Nachtmahl, wie man in dieser Gegend zum Abendessen sagte, mit frisch aufgebrühter Pfefferminze aus dem Garten, und machte sich Sorgen.

Aber sie war nun mal da, um ihren Auftrag zu erfüllen, das hatte sie dem Vater versprochen. Es war Teil eines Plans, lebenswichtig, und sie war stolz darauf, dass er sie zu seiner Komplizin gemacht hatte. Sie sollte die Tüte mit den begehrten Westprodukten einem Funktionär der Securitate überbringen, mit dem der Vater in Kontakt stand. Dieser würde sich dann hoffentlich wohlwollend erinnern, wenn es so weit war, Stempel und Unterschrift unter den Ausreiseantrag setzen – zunächst für ein Besuchervisum für Österreich.

Aber sie kannte den gesamten Plan, und jetzt war sie gottfroh, dass es dunkel war und dass sie dem fremden Blick nicht standhalten musste, sobald die Tür aufging. Es ging um alles oder nichts.

Ein kleines Mädchen von zwölf Jahren mit langen Zöpfen fällt kaum auf, hatte sich der Vater ausgemalt – niemand wird sich später an sie erinnern, geschweige denn an die Tüte, die sie vorbeigebracht hatte.

Sie starrte in die Dunkelheit. Die Schatten flößten ihr Angst ein. Sie spürte förmlich das Böse in den Ecken lauern. Fürchtete den Teufel, von dem zuhause täglich die Rede war, und die Securitate, die Menschen verhörte und folterte. Den Vater haben sie schon einige Male abgeholt, aber immer hatte er Schutzengel dabei – am Ende durfte er wieder nach Hause. Durfte seinen Dienst als Pastor weiter ausüben, wenn er sich nur an die Regeln hielt. Was er bei jedem Verhör von Neuem versprach. Bis zum nächsten Mal.

Endlich regte sich was, und ihr Herz schlug bis in den Hals. Eine Tür öffnete sich vis á vis, und bei gedämpftem Licht erschien eine Männergestalt. Offenbar war es der richtige Eingang, denn er erwartete sie in der Tür, und sie sagte sich noch, reiß dich zusammen, gleich ist es vorbei.

Und als er fast wortlos die Tüte entgegennahm mitsamt den Seifen, Zigaretten und all ihren Hoffnungen, erkannte sie im schummrigen Licht fast so etwas wie ein Lächeln in seinem Gesicht. Er hielt sie wohl für harmlos – soweit schien alles geglückt. Sie reichte ihm die Tüte, grüßte höflich zum Abschied und machte sich eilig davon. Denn ihr Herz drohte zu zerspringen.

»Nun aber, sagte der Unbekannte, adieu Güte, Menschlichkeit und Dankbarkeit! Ich habe die Rolle der Vorsehung gespielt und die Guten belohnt. Jetzt möge die Rachegöttin mir ihren Arm leihen, damit ich die Bösen bestrafen kann. Er gab ein Signal, und bald flog die Jacht auf der Meeresfläche dahin.«[3]

So manches Mal glich ihr Schulalltag einem einzigen Spießrutenlauf. Lehrer und Schüler hatten es gleichermaßen auf sie abgesehen. Außer Horsti. Horst Haltrich war der Einzige, der zu ihr hielt. Nach dem Wochenende wiederholte sich immer dieselbe Szenerie, sobald sie das Klassenzimmer betrat. Papierkugeln flogen durch die Luft, und auch von Schimpfwörtern wurde sie getroffen, es wurden Finger nach ihr ausgestreckt. Gelächter. Horsti verhielt sich neutral. Anders als die Übrigen in der Klasse, die sie wegen des Sabbats – wegen des Tages, an dem sie regelmäßig gefehlt hatte, gehänselt und ausgelacht haben.

»Pocăiţii, sâmbătiţii« – riefen sie im Chor, und keiner der Lehrer griff ein, hätte die Meute davon abgehalten. Der Spott sollte wohl die

---

3 Dumas: Der Graf v. Monte Christo, S. 196

natürliche Strafe sein, die sich die »Bekehrte« und »Sabbathalterin« selbst zuzuschreiben hatte. Nach jedem Wochenende vor der ganzen Klasse auf diese Weise vorgeführt zu werden, war schmerzlich.

Horsti war ihr Anker in der Not. Wenn sich ihre Blicke trafen, fühlte sie Freundschaft. Er sah sie aus seinen ruhigen, hellgrauen Augen an, der Blick unverwandt – weder konnte sie Verachtung noch irgendeine andere Regung darin finden. Das Grau seiner Augen wiederholte sich in den aschblonden Haaren, die er kurzgeschnitten trug. Ein Blond, dem die Farbe fehlte, und nur die längeren Strähnen über der Stirn hatten sich diese eine Welle in sattem Goldgelb geleistet, seitwärts gekämmt. Eine verspielte Variante, die so wenig zu dem ernsten Kindergesicht passte, wie die einzelnen Sommersprossen auf der Nase – Blumen auf einer Streuwiese.

Überhaupt sah man ihn kaum lachen. War es das durchlässige Grau seiner Augen, das ihn so ernst wirken ließ? Oder war es sein Blick, der oft ins Leere ging – sie könnte es nicht mehr sagen. Ein braver Junge im blauweißen Hemd, das vorgeschriebene Pepita der Schuluniform. Nur mit der grauen Wildlederhose im Trachtenstil tanzte der Junge aus der Reihe. Bestickt mit Edelweiß, war die Lederhose eindeutiger Hinweis auf die deutsche Herkunft. Eine Spur Anderssein. Es wurde geduldet.

Auf Horsti jedenfalls konnte sie sich verlassen, das sind ehrbare Leute, betonte die Mutter wiederholt, sie war mit der Familie entfernt verwandt und daher froh, dass die Hausaufgaben gesichert waren, trotz des Fehltages. Jedes Wochenende Hausaufgaben nachholen! Missmutig stapfte sie die Straße entlang, denn in Gedanken schon beim Montagmorgen, bei den Spöttern, die sie immer aufs Gleiche empfangen haben, mit neuen Gemeinheiten und Beleidigungen, auch diesmal würde sie es ertragen müssen.

Sie hatte es nicht weit. Sie müsste am Ende ihrer Wohnstraße nur einmal nach links abbiegen und einige Meter geradeaus gehen. An der Abzweigung nach links wird sie jedes Mal innehalten. Einmal dorthin spähen, wo sich hinter den Bäumen die Villa der Graefs befindet. Sie bewundern. Die Fremden Bewohner darin beneiden. So eine schöne Villa! – schwärmt sie lautlos vor sich hin, und jetzt wohnen andere Leute darin. Dabei gehört das Haus rechtmäßig ihnen, genau genommen dem Großvater. Einst hatte die Mutter dort das Klavierspielen gelernt, bei der Tante Hedwig, sie war Großvaters Schwester und die Frau des Konsuls, der sich so ein Anwesen leisten konnte, aber inzwischen waren beide nicht mehr am Leben.

Was würde sie darum gegeben …

Nur einen einzigen Blick wollte sie ins Innere des Hauses wagen! Käme jemals die Gelegenheit dazu? Nachsehen, ob alles so war, wie die Mutter es immer beschrieben hatte. Das Esszimmer mit dunklem Ebenholz getäfelt, der Boden aus schwarzweißem Marmor im Schachbrettmuster. Allein die Säulenvorhalle im Eingangsbereich verhieß Luxus, aber weiter würde sie niemals kommen. Ein Parteifunktionär hatte sich dort eingenistet, sehr zum Ärger des Großvaters, er war machtlos dagegen. Mehrmals hatte er geklagt, war vor Gericht gezogen, hatte Recht bekommen. Dennoch. Parasiten dieser Art kann man nicht ausrotten, sagte er resigniert, und dann sagte er nichts mehr. Ihm und allen anderen aus der Familie blieb nur, die Villa im Vorbeigehen mit Wehmut zu bestaunen, sich von ihr zu verabschieden, wie von einem alten Freund.

Die Gräf-Villa. Wie ein Mahnmal für alles Unrecht, was der Familie im Krieg widerfuhr. Plünderei. Enteignung. Inbesitznahme. Ausgrenzung.

Die Ohnmacht des Großvaters war auch die ihre – allgegenwärtig. Eine Lähmung, die von Generation zu Generation weitergereicht wurde, die sich auch ihrer bemächtigte, wenn sie in der Schule Demütigungen ertrug, selbst das eingeengt sein im eigenen zuhause zählte dazu, sich nicht behaupten dürfen. Dafür Maßregelungen von allen Seiten. All das steckte ihr wie Blei in den Knochen, hinderte sie daran, vorwärtszugehen. So manches Mal überkam sie das Gefühl, losrennen zu müssen. Sie spürte förmlich, wie sich alle ihre Muskeln anspannten, fühlte, dass sie die Kraft dazu besäße, nur hatte sie keine Ahnung von einem Ziel. Wo sollte sie hin – wo ankommen?

Bei den Haltrichs wiederholte sich stets das Gleiche. Sie saß mit Horsti im Wintergarten, er erklärte ihr zügig und konzentriert die Hausaufgaben, und seine gleichmütige Art wirkte beruhigend auf sie, während ihr Blick immer wieder in die Ferne glitt. Hinter der karierten Fensterfront – die Sprossen teilten das Glas in gleichmäßige Quadrate – bot sich ihr ein Panorama, das so trostlos war wie ihre eigene Verfassung. Auf dem gegenüberliegenden Hang blickte sie auf die Rückseite von Häuserzeilen, von verwahrlosten Hinterhöfen mit vollbehängten Wäscheleinen, mit rauchenden Schornsteinen vor einem verhangenen Himmel. Wie in einer Geisterstadt, dachte sie. Wie ausgestorben – menschenleer.

Vergeblich suchte sie nach etwas in der Ferne. Nach Anzeichen von Leben, von Hoffnung. Wer oder was könnte sie jemals aus dieser Einöde befreien?

Wenigstens bescherten ihr die Stunden bei Horsti, gewissermaßen eine Auszeit, unbeschwert und frei von allen Lasten.

»Übrigens, mein wirklicher Schatz ist nicht der unter den düsteren Felsen von Monte Christo, es ist Ihre Gegenwart, mein Freund, es ist unser tägliches Zusammensein trotz unseres Kerkermeisters (…)«[4]

> Samstags blieben wir regelmäßig dem Unterricht fern, am Sabbat war unser Platz in der Gemeinde, neben unseren Eltern, hieß es. Eine Zeit lang wurde das von den Behörden geduldet, doch auf Dauer war es keine Lösung. Vater wurde wiederholt unter Druck gesetzt, und dann hieß es, wir müssten ab sofort wieder am Ruhetag zur Schule gehen. Wir beugten uns den Vorschriften, doch die Schikanen hörten deswegen nicht auf.
> Eines Tages nahm die Klassenlehrerin Erhard beiseite – sie war ihm wohl gesonnen und teilte ihm insgeheim mit, was im Lehrerkollegium bereits als beschlossen galt. Er hätte

4 Dumas: Der Graf von Monte Christo, S. 117

keine Zukunft auf dem Gymnasium, und sollte er sich weiterhin weigern, sabbats zur Schule zu gehen, könnte er auch an keinem anderen Gymnasium im Land Fuß fassen. Der Schock saß tief. Doch noch bevor ihn die offizielle Mitteilung ereilte, hatte Erhard eine Entscheidung getroffen. Er würde trotz guter Noten das Gymnasium verlassen, das Abitur an einer Abendschule fortsetzen und tagsüber in einer Schuhfabrik arbeiten. Das war sein Plan. Pipi und ich dagegen fügten uns dem Druck und gingen ab diesem Zeitpunkt samstags zur Schule, doch zu Beginn der sechsten Klasse tauchte ein weiteres Problem auf. Der Handarbeitsunterricht fiel laut Stundenplan ausgerechnet auf den Sabbat. Mutter war außer sich. Du sollst kein Werk tun am heiligen Ruhetag – erinnerte sie und war ratlos, und so musste ich wieder samstags Schule schwänzen, und bald würde der Ärger mit den Behörden von Neuem hochkochen.

Doch dann gab es eine wundersame Wendung. Mutter sprach zufällig mit unserem Nachbarn darüber. Herr Reichenberger war Lehrer an der Musikschule und kannte die Lösung: Würde ich die Kunstschule besuchen, wäre ich automatisch vom Handarbeitsunterricht befreit. So lauteten die Bestimmungen.

Die Kunstschule war eine staatlich geförderte Einrichtung, Tür an Tür mit der Musikschule und im selben Gebäude. Der Unterricht an drei Nachmittagen war freiwillig und beinahe kostenlos. Warum meine Eltern mich so spät, und nicht von Anfang an dort angemeldet hatten, warum ich mir erst die Tortur mit Tante Delia antun musste, die jahrelange Klimperei für nichts und wieder nichts, war mir schleierhaft. Meine ureigensten Bedürfnisse zu fördern – das Malen und Zeichnen – hatten sie schlichtweg verdrängt. Aber das Schicksal hatte es gut mit mir gemeint, und so kam ich auf Umwegen auf meine Kosten. Ich besuchte ab der sechsten Klasse drei Jahre lang die Kunstschule. Die Begegnung mit meinem Kunstlehrer, einem Freigeist, wurde zu einer bedeutsamen Wende in meinem Leben. Er öffnete mir die Augen für alles Wesentliche.

Es hatte geregnet. Der Asphalt vor ihren Füßen glänzte metallisch, der Wind zauste an ihrem Regenschirm und schnitt ihr eiskalt ins Gesicht. Sie zog die Kapuze tiefer, vergrub ihre Wangen und beschleunigte ihre Schritte. Schnell, möglichst schnell nach Hause, war ihr einziger Gedanke. Auch andere schienen es eilig zu haben. Etwa in der Mitte der Neugasse angekommen, verließ jemand den Kulturpalast und überquerte, hastigen Schrittes die Straße. Ihr Blick heftete sich an die quietschgelbe Regenjacke – die fand sie äußerst ungewöhnlich, wie auch die bunt karierten Hosenbeine, die in Gummistiefeln steckten. Auffallend diese schulterlangen Haare, die eher zu einer Frau hätten passen können, dachte sie, nicht aber der Gang. Der war eindeutig männlich.

Die Gestalt mit dem forschen Schritt hatte den gleichen Weg wie sie, stellte sie fest, beide eilten sie den Berg hinauf, und so blieb ihr Zeit genug, den jungen Mann ausgiebig zu betrachten. Interessant fand sie ihn, außergewöhnlich. Wer konnte das sein? Ein Neuankömmling in der Stadt – oder nur jemand auf der Durchreise? Diesmal sollte es noch eine ganze Weile dauern, bis ihre Neugier gestillt wurde.

In dem imposanten Gebäude mit dem hübschen Zwiebeltürmchen über dem Erker das jetzt wie ein zweites Zuhause für sie war, fand sie ihr Glück. Anders, als die Jahre zuvor, als sie sich noch zum Theorieunterricht und den Klavierstunden in die Musikschule quälen musste. Zwar im selben Gebäude, doch war die Kunstschule in einem anderen Flügel der Jugendstilvilla untergebracht, Tür an Tür mit der Musikschule, so dass ihr deren Existenz bis zu dem Tag verborgen blieb, bis sie die Räumlichkeiten der Kunstschule erstmals betrat.

Daran, wie sie zum ersten Mal – und unzählige weitere Male durch diese Schwingtür hindurchgebraust war, würde sie sich noch oft und gerne erinnern. An den Luftzug, der sie beim Eintreten wie ein Weckruf streifte, sobald die Flügel zurückschwangen. Als könnte sie dahinter ihr altes Leben zurücklassen, alles abschütteln. Die kunstvoll gebogenen Messinggriffe im Art Deco Stil schmeichelten ihren Händen, sanft stieß sie die beiden Flügel auf, sie gaben willig nach, und sie schritt leichtfüßig hindurch und trat ins Licht. In den kristallenen Regebogen, der sich zuvor schon in den geschliffenen Butzen der Türverglasung angekündigt hatte.

Diese Tür war es, die ihr Zutritt gewährte in eine neue Welt. Eine mit unzähligen Möglichkeiten. Sie spürte es deutlich: Die Verwandlung hatte schon begonnen.

Einzigartig war auch der Geruch, der durch die Gänge zog. Eine Mischung aus Zigarettenrauch und Ölfarbe. Immer hörte man Klaviergeklimper im Hintergrund, oder die schiefen Töne einer Geige. Doch weder die Misstöne noch der Zigarettenqualm störten sie. Zum ersten Mal roch es nach Leichtigkeit, nach Leben.

Der Raum, in dem sie ihrem Kunstlehrer, dem jungen Mann mit der karierten Hose und den schulterlangen Haaren erstmals gegenüberstand, befand sich unterm Dach. Es war ein Atelier mit Dachschrägen, ausgestattet mit lauter »Pferden«, eigens für den Kunstunterricht angefertigte längliche Bänke, auf denen die Schüler rittlings, wie in einem Sattel saßen. Das war bequemer, als stundenlang vor einer Staffelei zu stehen. Ein rechteckiges Holzbrett, das schräg am Hinterkopf des »Pferdes« lehnte, diente als feste Unterlage für den Papierbogen, der mit Reißzwecken fixiert wurde.

Christine fand Mathilda, Marianna und Dana – rumänisch sprechende Mädchen in ihrem Alter – zum ersten Mal vertrauenswürdig genug, um mit ihnen Freundschaft zu schließen. Sie alle besuchten aus freien Stücken die Kunstschule. Nie wäre es ihr in den Sinn gekommen, den Kunstunterricht zu schwänzen. Im Gegenteil. Wenn sie einmal krank zuhause lag, vermisste sie den kreativen Austausch mit den anderen und fieberte dem kommenden Kunstunterricht entgegen.

»Heute malen wir bei klassischer Musik«, gab ihnen der Kunstlehrer auf und seinen spontanen Einfällen Raum, und weil sie Klassik liebte, gefiel ihr die Idee besonders gut, in Begleitung von Mozart und Schubert zu malen. Niemand außer ihr hatte die Plattensammlung der Familie so häufig und regelmäßig im Gebrauch. Und László, ihr Lehrer, frisch von der Kunstakademie kommend, sprühte voller Ideen und steckte alle mit seiner Begeisterung an. Er brachte ihnen bei, wie man mit dem Bleistift Maß nimmt, um Proportionen auf Entfernung einzuschätzen, oder wie man ohne wegradieren Zweiminutenskizzen anfertigen kann, mit einem Filzstift. Sowas gehörte zu den gängigen Aufwärmübungen. »Ihr lernt dabei, euch aufs Wesentliche zu beschränken«, dozierte er. Jeder der Schüler durfte einmal Modell stehen: mit einem Krug auf dem Kopf, mal mit einem Gegenstand in der Hand. Es galt, die Figur in ihrer Haltung blitzschnell zu erfassen, und zwei Minuten waren schnell um.

Wie anders war es hier! Ganz anders als in der Schule! Von einem strengen Lehrer keine Spur, keine Hänseleien von Mitschülern. Spott und Hohn waren in Lászlós Unterricht undenkbar. Und am Ende des Tages – und das bereitete ihr die allergrößte Freude, wurde jedes einzelne Werk besprochen. Jeder der Schüler glänzte mit eigenen Stärken. Mathilda war mit dem Kohlestift sehr geschickt: Teller und Krüge auf ihrem Blatt waren zum Greifen nahe. Und Zoica – ein Wunderkind. Kaum hatte sie den Bleistift angesetzt, zeichnete sie nahezu vollkommene Figuren, ohne innezuhalten oder wegzuradieren. Menschen und Tiere in höchster Perfektion, aus dem Gedächtnis. Die Bewunderung für die anderen, aber auch die Anerkennung ihrer eigenen Fähigkeiten, machten sie glücklich. Zum ersten Mal in ihrem Leben spürte sie dieses kostbare Etwas: Die Energie des Schöpferischen.

»Jetzt erschien ihm sein Kerker nicht mehr so düster, sein Zustand weniger verzweifelt. Er war jung … Welche Ereignisse konnten in diesem unermesslichen Zeitraum nicht die Pforten seines Gefängnisses sprengen, die Mauern des Kastells If niederreißen, und ihm die Freiheit zurückbringen«.[5]

Zeichnen und Malen waren seit frühesten Kindertagen ihre Leidenschaft. Doch wie hatte alles angefangen? Sie erinnerte sich dumpf an irgendwelche Köpfe, die sie gezeichnet hatte, irgendwann im Vorschulalter. Lenin war's! – fiel ihr eines Tages blitzartig ein. Das waren ihre zeichnerischen Anfänge, in der Wohnküche in Armenierstadt. Sie sah sich als Drei- oder Vierjährige, mit Stift und Papier am Küchentisch sitzend, wie sie versuchte, den berühmten Kopf von einer Briefmarke abzuzeichnen. Lenins Quadratschädel hatte es ihr angetan, seine markanten Gesichtszüge. Erst sehr viel später tauchten Prinzessinnen und Eistänzerinnen auf ihrem Zeichenblock auf, etwa im zweiten Schuljahr.

Die Nachmittage in der Kunstschule vergingen wie im Flug; viel schneller, als mir lieb war. Es war das pure Vergnügen. Ich konnte tun, was ich schon immer gerne tat, und das gemeinsam mit anderen, frei von Konkurrenz. Bestenfalls war es ein Kräftemessen unter Gleichgesinnten. Kein Zufall, dass sich während dieser Jahre auch meine schulischen Leistungen gebessert haben. Ich rückte zusehends auf. Bereits am Ende der Sechsten zählte ich zu den Klassenbesten, die geehrt wurden. Es waren immer die drei besten Schüler einer Klasse, die beim Schulfest namentlich aufgerufen und mit Büchern beschenkt wurden.

Und so geschah, was ich nie für möglich gehalten hätte: Die Sommerferien dauerten mir viel zu lange. Ich konnte es kaum erwarten, dass im Herbst die Schule begann und

5 Dumas: Der Graf v. Monte Christo, S. 81

ich nachmittags wieder die Kunstschule besuchen könnte. Und so ging das schüchterne Mädchen, das ich anfangs war, allmählich verloren. Etwas schien mich aufzurichten. Etwas, das mir erlaubte, auf meine innere Stimme zu hören, ihr zu vertrauen. Eigene Ideen zuzulassen und zu verwirklichen. Im Rahmen meiner Möglichkeiten als 12-jährige, versteht sich.

Ich kaufte mir Schmuck. Einen Anhänger in Form eines runden Medaillons mit einem Relief darauf, wie ein behauener Stein. Es hing schwer an einem Lederband um meinen Hals, und immer, wenn ich es eilig hatte, schlug es im Rhythmus meiner Schritte gegen das Brustbein. Aber die Schmerzen nahm ich gerne in Kauf. Auch schmückte jetzt ein voluminöser grüner Ring meinen Zeigefinger, in Form einer Praline. Auf der von mir gestalteten Jutetasche, einer Umhängetasche aus Sackleinen, unten fünf Zentimeter breit ausgefranst, fanden sich die Abdrücke meiner eigenen Hände als Dekoration wieder. Dafür musste ich meine Handflächen komplett in Tinte tauchen, so dass sie noch Wochen später verfärbt waren. Aber ich war glücklich, denn meine Ideen fanden Verwirklichung, und ich konnte mich von dem großen Rest absetzen.

In diesen Zeiten kam es auch schon mal vor, dass ich mich davonstahl. Dass ich mir für Mutter Lügengeschichten ausdachte und heimlich ins Kino ging. Hätte ich um Erlaubnis gefragt, hätte sie es mir niemals erlaubt. Filme, wie Romane auch, fielen für sie in die Kategorie »weltliche Verführungen.« Mein allererster Kinofilm war »Der große Gatsby« mit Robert Redford in der Hauptrolle. In Nullkomma nix hatte ich mich in den coolen Gentleman verliebt, doch schon bald darauf auch in Alain Delon, der mich in »Swimmingpool« zum Schwärmen brachte. Für lange Zeit wurde sein kaffeebrauner Teint, die dunklen

Haare und die leuchtend grünen Augen, für mich zum Inbegriff von Männlichkeit und Leidenschaft.

»Das Mädchen ist viel zu dünn!«, konstatierte der Vater eines Tages, sein sorgenvoller Blick wanderte an ihr herunter, maß sie von Kopf bis Fuß. Kopfschüttelnd blickte er zur Mutter hinüber, suchte ihre Zustimmung, während in seiner Stimme Resignation lag, ja sogar eine Prise Verzweiflung.

Sie konnte essen, soviel sie wollte – es blieb einfach nichts an ihr hängen. Sie hatte sich noch nie viel aus Essen gemacht. Schon als Kleinkind verweigerte sie die meisten Speisen bei Tisch, abgesehen von geräuchertem Gänsespeck oder weichgekochten Eiern, ansonsten blieb ihr Mund fest verschlossen, sobald sich ihm der Löffel näherte.

Wenn sie Hunger hatte, zog es sie in den großen Garten, zu Rhabarber und Stachelbeeren. Sie aß gerne Saures – pflückte, was immer ihr am Wegrand begegnete, belegte ihr Butterbrot mit Sauerampfer oder Schnittlauch. Sie musste ihren Hunger anderweitig stillen. Am Tisch gab es bloß Unappetitliches: Die Fettaugen am wabbeligen Rindergulasch waren in der Überzahl. Und Käspolenta: Der schwitzige, fette Schafskäse bildete regelrechte Pfützen aus Öl obenauf. Dann fehlte nur noch, dass sie in der Obstsuppe eine Hühnerkralle fand! Stachelbeersuppe mit Hühnerklein war ein gängiges Gericht. Dann war es endgültig vorbei mit ihrem Appetit, und sie ergriff die Flucht vor lauter Ekel.

Andere Speisen liebte sie dafür umso mehr. Faschiertes! Leider gab es die leckeren Fleischküchlein viel zu selten. Auch Maishähnchen aus dem Backrohr mit Knoblauch und Majoran gab es meist nur an Geburtstagen, oder wenn sich Gäste angekündigt hatten.

Der Vater, der jetzt mit gerunzelter Stirn ihre klapperdürre Gestalt taxierte, schien eine Entscheidung getroffen zu haben.

»Wenn du es schaffst, innerhalb eines Jahres 25 Kilo zuzunehmen, sollst du deine Puppe haben!« – verkundete er mit Baritonstimme, und im Gegenzug bekam er ein strahlendes Gesicht zu sehen. Eine Puppe mit beweglichen Augenlidern! Nichts auf der Welt hatte sie sich sehnlicher gewünscht! Nun rückte die Erfüllung ihres Traumes in greifbare Nähe.

Könnte sie es schaffen, dieses Ziel zu erreichen? Sie hatte keine Vorstellung davon. Aber dass sie sich bessern wollte – ihre Verweigerung bei Tisch lockern musste, wurde ihr klar. Und dann, eines Tages, kam die Gelegenheit, ihr Interesse fürs Kochen und Essen auf ihre eigene Art unter Beweis zu stellen.

Sie aß gerne Fisch. Alle in der Familie aßen Fisch. Der Vater brachte einmal die Woche Karpfen vom Markt, fangfrisch und quicklebendig. Sie schwammen in ihren letzten Stunden in einem großen Topf herum und ahnten nichts von ihrer Bestimmung. Oft hatte sie der Mutter zugesehen, wie diese die Fische geschuppt und ausgenommen hatte, um sie anschließend in Paniermehl zu wenden und in reichlich Öl auszubraten.

Köstlich! Sie liebte panierten Fisch und auch die ganze Zeremonie drumherum. Aber die Vorbereitungen dauerten ihre Zeit, und als dann endlich serviert wurde, war es für eine ganze Weile sehr ruhig am Tisch. Groß und Klein hochkonzentriert dabei, die Gräten des Karpfens – und derer gab es reichlich viele, beizeiten zu orten, noch bevor sie im Hals stecken bleiben könnten. Alle pflückten Stück für Stück das Fischfleisch auseinander, ertasteten die Happen, bis sie sich sicher sein konnten. Mühsam war das!

Eines Sonntagabends – es dämmerte bereits, und sie hatte Langeweile, wurde sie durch das regelmäßige Platschen aus nächster Nähe daran erinnert, dass sie nicht allein in der Wohnküche war. Eltern und Geschwister schon vor Stunden zu Sonntagsbesuchen aufgebrochen, und immer noch nicht zurück.

Ihr Blick wanderte hinüber zu dem großen emaillierten Topf: Der Fisch! Plötzlich fiel es ihr ein – heute sollte es Karpfen zum Abendessen geben.

Sie spürte ihren Magen vor Hunger krampfen, und schon bei dem Gedanken an das Festmahl lief ihr das Wasser im Mund zusammen, und ihre Ungeduld wuchs ins Unermessliche. Wer weiß, wann die wieder zurück sind. Wenn sie zu spät kommen, dann … Ihre Gedanken überschlugen sich. Dass die Fischmahlzeit ausfallen könnte, wollte sie sich gar nicht erst vorstellen. Viel zu sehr hatte sie sich darauf gefreut. Und wenn sie den Fisch ganz allein zubereiten würde? – und schon war sie unterwegs zum Topf. Sie hatte der Mutter unzählige Male dabei zugesehen, so schwer konnte das gar nicht sein, einen Fisch in die Pfanne zu bekommen. Hühner rupfen und ausnehmen – das nicht, das kam nicht infrage! Das fand sie immer schon ekelerregend. Aber so ein harmloser Fisch …

Auf einmal traute sie es sich zu. Sie band sich die Kochschürze um und schaute in den Topf, wo der Karpfen seine letzten Runden schwamm. Ihr Herz schlug höher bei der Vorstellung, wie sie alle zum Staunen bringen würde, wenn …

Und dann ging alles ganz schnell. Es war ein Kampf um Leben und Tod. Statt einem Holzbrett, das anschließend nach Fisch stinken könnte, diente ihr der mit Blech überzogene Arbeitstisch als Unterlage, den der Vater vor einiger Zeit gebaut hatte, mit abwaschbarer Oberfläche. Nur, dass sich jetzt der Todgeweihte darauf hin- und herwand, etwa so, wie sie, als sie zum ersten Mal auf Schlittschuhen gestanden war.

Ohne zu zögern, setzte sie das Messer an. Herr der Lage sein – bleiben, das war ihr Ziel. Doch die Bewegungen wurden immer heftiger, der Fisch im Todeskampf auf glitschigem Untergrund, sie bekam ihn kaum noch zu fassen. Die Situation drohte zu entgleiten. Auch das Messer wollte nicht richtig. Immer wieder rutschte sie ab, denn in der Aufregung hatte sie einen wesentlichen Zwischenschritt übersehen: den Schlag auf den Kopf. Erst danach wäre das Entschuppen dran gewesen, doch der ganze Ablauf mitsamt den Einzelheiten, war ihr in der Aufregung abhandengekommen, vor allem die Reihenfolge …

Mit hochrotem Kopf kämpfte sie mit dem Fisch, und dieser um sein Leben, als ihr das Schicksal zu Hilfe eilte. Die Tür ging auf, und Eltern und Geschwister wurden Zeugen ihres misslungenen Tötungsversuches. In ihren entsetzten Gesichtern konnte sie die ganze Tragweite ihres Scheiterns lesen. Kind, was machst du bloß! – schrie die Mutter sie an, nahm das Messer aus ihrer Hand und vollzog, wozu sie nicht imstande war.

Seither lastete ein dunkler Fleck auf ihrem Gewissen. Doch trotz der barbarischen Tat, die sie in kindlicher Unwissenheit beging, schmeckte ihr Fisch nach wie vor. Nur in seiner Umgebung, in freien Gewässern, fühlte sie sich nicht mehr ganz wohl.

Ein Jahr, nachdem der Vater die Puppe als Preis für die Extrapfunde ausgelobt hatte, brachte sie kaum mehr als weitere zehn Kilo auf die Waage. Zwar hatte sie das Ziel nicht erreicht, doch ihre Bemühungen waren sichtbar und wurden belohnt. Sie bekam die lang ersehnte Puppe, ein Schneewittchen. Da lag sie, in ihrem strahlend weißen Kleid, hielt die Augen geschlossen, die in einem himmlischen Blau leuchten konnten, wenn sie sie öffnete.

Aber mit dem Essen an sich war sie immer noch nicht ausgesöhnt. Ihre Bemühungen führten nicht zu dem Erfolg, den sie sich wünschte. Sie schämte sich immer noch für ihre dünnen Beine. »Streichholzbeine« – riefen die Jungs aus ihrer Klasse ihr hinterher, und ihre gemeinen Hänseleien verfolgten sie.

> Aber das war bei Weitem nicht das Schlimmste, was ich in dieser Zeit zu verkraften hatte. Im Alter von zwölf Jahren verlor ich meine Mutter. Nicht meine leibliche: Klari, meine wichtigste Bezugsperson starb an Krebs. Damit wiederholte sich der frühe Tod der Mutter, auf eigenartige Weise noch einmal. Auch meine Mutter war zwölf, als ihre Mutter starb – meine Großmutter Christine.
>
> Aus einem mir völlig unerklärlichen Grund, war ich ganz ruhig, und keineswegs verzweifelt als Klari starb. Vater nahm mich eines Tages beiseite und erklärte mir, dass sie im Sterben läge, und wir fuhren zu zweit nach Armenierstadt, um sie im Krankenhaus zu besuchen. Ein Jahr zuvor war sie noch bei uns in Reen zu Besuch. Da war sie bereits erkrankt, ohne dass ich es wusste.

Als wir das Krankenzimmer betraten, war das, was jetzt unter dem weißen Laken im Bett vor mir lag, nur noch der Schatten meiner geliebten Kinderfrau. Hohlwangig und abgemagert bis auf die Knochen, nur der Bauch wölbte sich wie ein Ballon unter der Bettdecke. Sie hatte ungewöhnlich stark zugenommen. Das ist Wasser, sagte Vater.

Klari sprach nicht. Sie nahm meine Hand und sah mich an, mit der gleichen Leblosigkeit wie auch ihr Körper vor mir lag, und der Versuch eines Lächelns bedeutete mir, dass sie sich freute, mich wiederzusehen. Ihr Anblick war nicht lange zu ertragen, wir gingen, und ich sah sie nie mehr wieder. Zu ihrer Beerdigung in ihrem Heimatdorf kamen auffallend viele Menschen.

Ich konnte nicht weinen. Warum auch. Es war kein wirklicher Abschied. Ich hatte sie längst bei mir – in mir. Ich hatte ihre Liebe in allen Facetten verinnerlicht. Sie war in mir eingraviert, wie die Melodie auf einem Tonträger, für eine kleine Ewigkeit. Und ich spürte tief in mir drin: Niemand könnte diese Liebe je wieder nehmen.

Doch nahm ich ab diesem Zeitpunkt den Tod viel deutlicher wahr. Ich achtete darauf, wenn der Trauerflor – jener schwarze Umhang mit weißen Fransen – über einem Eingangstor zu sehen war. Es bedeutete, dass hinter den Mauern ein Toter zu beklagen war, und ich beschleunigte meine Schritte, wann immer ich am Tod vorbeimusste, wann immer ich den schwarzen Umhang sah. Ich fürchtete mich. Die Vorstellung von einem aufgebahrten Leichnam in einem Zimmer, mitten unter den Lebenden, jagte mir Schauer über den Rücken.

Ich vermisste Klari sehr. Doch bereits ein Jahr nach ihrem Tod nahm mein Leben eine unerwartete Wendung.

»Ich liebe Edmond Dantes«, sagte das junge Mädchen, und kein anderer als er wird mein Mann.

»Und du wirst ihn immer lieben?«
»Solange ich lebe!
Edmond und Mercedes lagen einander in den Armen. Anfangs nahmen sie nichts wahr von dem, was sie umgab; ein unermessliches Glück trennte sie von aller Welt.«[6]

Hatte sie es nur geträumt, oder war es wirklich geschehen? Ihr Herz pochte immer noch wie wild und in ihrem Kopf herrschte ein flattriges Durcheinander. Doch sie fühlte die gleiche Entschlossenheit wie einst Mercedes. Auch sie würde ihn für immer lieben, ihren Zoltán. Alles würde sie dafür tun, um ihn wiederzusehen.

Gerade noch saß er neben ihr, hielt ihre Hand, und sie – immer noch elektrisiert von seinen Berührungen, schaute ihm hinterher. Sah, wie er mit elastischem Gang, die Zigarette in der einen Hand schwingend, die andere in der Hosentasche vergraben, hinter der nächsten Baumgruppe verschwand.

Sie fand keine Worte für das, was geschah. Spürte nur die Wärme, die sie durchflutete, sie federleicht davonschweben ließ, als wären ihr soeben Flügel gewachsen. Die Liebe wird sie beide davontragen, an einen neuen, unbekannten Ort, doch wie soll sie das bloß aushalten, bis zum nächsten Wiedersehen?

Sie schloss die Augen und sah die seinen, sie waren Hellgrün, auch die schön geschwungenen Lippen wollte sie sich unbedingt merken, eines Tages würde sie ihn zeichnen. Ein Foto von ihm – viel zu gefährlich!

Wenn die Eltern das rauskriegen …

Sie war kaum älter als 13, Zoltán dagegen 19. Sie sollte besser heimgehen, warnte eine innere Stimme, allein auf einer Parkbank gesehen zu werden bringt kein Glück, nur unnötige Fragen, und wenn jemand ihr Geheimnis entdeckt oder auch nur Vermutungen anstellt, wäre es schnell aus mit ihrer Liebelei.

---

6 Dumas: Der Graf v. Monte Christo, S. 20

Seit sie verliebt war, hatte sie ständig dieses Grinsen im Gesicht und das Gefühl, man könnte es ihr ansehen. Und wenn sie sich schon selbst dabei ertappte …

Sie müsste alles aufschreiben, um es zu begreifen. Sie kaufte sich ein dickes Buch mit leeren Seiten. Alles müsste sie aufschreiben, denn es wollte ihr nicht in den Kopf. Wie sie, die Kleine, die Unscheinbare mit den dünnen Beinen, sich diesen jungen Mann nur angeln konnte. Einen feschen Abiturienten! Jetzt konnte sie sogar mit ihrer großen Schwester mithalten. Ihr Freund war gleichaltrig, kurz vor dem »Bacalaureat«. Doch Pipi war eine echte Schönheit, und ganze vier Jahre älter als sie. Dennoch: Sie hat sie eingeholt, ihre Schwester.

Pipi war recht umschwärmt. Ständig hatte sie neue Verehrer, und damit hatte alles begonnen, mit Zoltán und ihr. In der großen Konditorei am Hauptplatz. Bis dahin war es nur der Ort mit den leckersten Torten und Sawarins in den Auslagen. Nun gab es weitere Verlockungen: Das Sehen und gesehen werden. Pipi und ihre beste Freundin, Zuzi, hatten dieses Vergnügen längst für sich entdeckt. Ihrer Wirkung auf Männer war sich die große Schwester längst bewusst. Die mandelförmigen Augen und die langen Haare fand auch das Mädchen schön, kein Wunder, dass sie die Blicke aller auf sich zog. Dieses Mal war es zufällig Zoltáns älterer Bruder Laci, der sich in sie verguckt hatte, und Zuzi machte sich seit jeher einen Spaß daraus, Leute miteinander zu verkuppeln. Sie lachte viel, flirtete und wartete, was passieren würde. Das war für sie das Größte.

Es war der 13. Juli 1973 – ein Datum, das sich Christine für immer merken würde (die 13 sollte ab jetzt zu ihrer Glückszahl werden), denn es war der Tag, an dem sie ihrer ersten Liebe begegnet war. Immer wieder spulte sie die Bilder zurück, stoppte – erinnerte sich, wie es war, als er kurzerhand an ihren Tisch kam, sich wie selbstverständlich dazusetzte, ohne zu zögern, und wie ihr dabei alles Blut ins Gesicht schoss.

Zuzi – diese Klatschtante! Bestimmt hatte sie etwas damit zu tun, hatte es ihm heimlich gesteckt, dass er gewisse Chancen hätte, und bei wem. Denn in ihrem Blick sah man den Triumph, als er dazukam, und so wie sie kicherte und gackerte, amüsierte sie sich prächtig dabei. Jetzt war es nicht die große, sondern die kleine Schwester, die sie erfolgreich verkuppelt hatte. Zumindest war ein Anfang gemacht.

Und sie – sie wusste gar nicht, wie ihr geschah. Von einem Tag auf den anderen hatte sie einen Freund. Ab da trafen sie sich regelmäßig, und heimlich. Im Park oder am Ufer des Mieresch, wo der Zigarettenrauch kaum in Kleidung und Haaren hängenblieb. Oder sie trafen sich in ihrem Stammcafé. Zoltán rauchte, gelegentlich rauchte sie mit, es würde ihr auf dem Heimweg sicher eine plausible Ausrede einfallen. Offiziell war sie beim Nachhilfeunterricht gewesen, und da alle Lehrer rauchten, mussten ihre Kleider zwangsläufig nach Zigarettenrauch riechen.

Anfangs war das Rauchen für sie eine Art Mutprobe, denn die Hustenattacken blieben nicht aus. Doch mit der Kippe in der Hand fühlte sie sich unglaublich erwachsen. Als junge Frau, und kein kleines Mädchen mehr. An die Husterei würde sie sich noch gewöhnen müssen.

Doch sich jedes Mal eine neue Ausrede auszudenken, wenn sie ihren Freund treffen wollte, eine möglichst glaubwürdige noch dazu, erforderte all ihren Mut und viel Fantasie. Chorprobe im Kulturpalast. Nachhilfeunterricht in Mathe. Vorbereitungen auf das Schulfest. Um keinen Preis durfte die Mutter Verdacht schöpfen. Aber, dass sie keine einzige ihrer Ausreden überprüfen würde, damit konnte sie fest rechnen. Die Mutter war immer beschäftigt, es ginge über ihre Kräfte.

Pipi war als Einzige eingeweiht. Sie würde sie nicht verraten. Schließlich mussten sie zusammenhalten, denn sie hüteten ein und dasselbe Geheimnis – das ihrer Liebe. Sie feilten an ihren Alibis, fast schon wie um die Wette. Wer konnte die besseren Lügengeschichten erfinden? Zum ersten Mal wurden sie zu Verbündeten.

Endlich hatte sie ihre große Schwester an ihrer Seite! Auf angenehme Weise nahm sie das erstmals wahr. Und einige Zeit später ganz besonders.

Es war an einem dieser Tage, als sie sich vor Bauchkrämpfen herumwand und nicht wusste, warum. Als sie den ganzen Vormittag bäuchlings auf dem Korridor verbracht hatte, den sonnenheißen Beton unter ihrem Bauch, denn nur Wärme linderte die Krämpfe ein wenig. Wann hört das endlich auf, flehte sie ihre Schwester an. Sie solle nicht erschrecken, bekam sie als Antwort, wenn sie Blut in ihrer Unterhose entdecken würde. Das sei normal, das hätten alle Mädchen, alle Frauen, einmal im Monat, das nennt man Regelblutung.

Es waren Zeiten angebrochen, in denen der Großvater – als hätte er etwas geahnt, besonders streng zu ihnen war. Bei zwei heranwachsenden Mädchen im Haus mussten neue Gewohnheiten her. Abends musste man nach dem Rechten sehen, und wenn es gegen einundzwanzig Uhr gegen die Tür klopfte, war es der Großvater. Wer ist da, fragten sie, und jemand antwortete scherzhaft »Cyrus«. Otata wolle bloß nachsehen, ob alle im Bett seien, bevor er das Tor abschließen würde. Doch weil die Mädchen stets zuhause waren, wurden seine allabendlichen Kontrollgänge mit einem Schmunzeln zur Kenntnis genommen, und der Mutter kam die väterliche Unterstützung sehr gelegen, zumal der Vater meist unterwegs war.

Im Sommer 1974 sollte sich unser Leben grundlegend verändern. Vater hatte es schon länger im Blick: Wenn Erhard 18 wird, müsste er zum Militär. Und wenn er erst in die Militärgeheimnisse eingeweiht wird, dürfte er unter keinen Umständen ausreisen, und auch keiner seiner Familienangehörigen.

Vater musste handeln. Schon zwei Jahre zuvor hatte er den Antrag auf ein Besuchervisum für Österreich gestellt, für sich und den Ältesten, der Rest der Familie sollte dableiben. Das würde die Glaubwürdigkeit seines Vorhabens, zurückzukehren, untermauern. In Wahrheit plante er die Flucht. Zunächst würden die beiden unseren Onkel Karschti, einen langjährigen Freund der Familie in Wien besuchen, um dann in einem weiteren Schritt die Grenze nach Deutschland zu passieren. Anschließend würden sie Asyl beantragen und uns über Familienzusammenführung nachholen. Bis auf meinen siebenjährigen Bruder Reinhold, waren wir allesamt in Vaters Pläne eingeweiht. Dabei galt der Garten als der sicherste Ort, um Familienrat abzuhalten, ohne dass fremde Ohren mithörten. Wir drei Großen waren uns der ernsten Lage bewusst. Wir durften uns keineswegs verplappern, auch nicht bei Freunden, und wenn es so weit war, dass Vati und Erhard nicht mehr zurückkämen, müssten wir die Ahnungslosen und die Verlassenen mimen.

Zum ersten Mal stand Lügen auf dem Programm, was mich kein bisschen erstaunte, weil notwendig zum Überleben. Nur, dass es bei der allgegenwärtigen Frömmigkeit etwas befremdlich wirkte. Aber es ging um alles oder nichts, um unsere Zukunft. In Rumänien hatten wir keine. Also hat Vater unsere Existenz auf eine einzige Karte gesetzt – auf Flucht und Familienzusammenführung. Die Chance, dass sein Plan aufginge, stand fünfzig zu fünfzig.

Nachdem er dann über zwei Jahre hinweg einen Funktionär der Securitate »geschmiert« hatte, mit begehrten Westprodukten und mir als Überbringerin, wurde im Juli 1974 das Besuchervisum für Österreich den beiden bewilligt. Jetzt hieß es: Nerven behalten! Doch ich konnte meine Freude kaum bremsen, und es fiel mir nicht leicht, das alles geheim zu halten.

Jetzt begann das größte Abenteuer meines Lebens. Auch hatte ich keine Sekunde daran gezweifelt, dass das Ganze scheitern könnte. Minitante, Großvater und Emma wussten beim Abschied ebenfalls Bescheid, doch schienen sie kaum beunruhigt. Sie reagierten gelassen, was die großen Dramen des Lebens betraf, darin waren sie schließlich erprobt.

Vater und Erhard hatten bei ihrer Abreise zwei Koffer dabei. Bereits am Fahrkartenschalter wurden sie auf die Probe gestellt. »Fahrkarte einfach oder hin und zurück?« – fragte der Schalterbeamte gewohnheitsmäßig. Eine Fangfrage. Vater – zum Glück wachsam, kaufte geistesgegenwärtig für ein Haufen Geld die Hin-und Rückfahrkarte, von Reen nach Wien und wieder zurück, und das Abenteuer begann.

Doch wie es den beiden unterwegs erging – wie ihnen schließlich die Flucht gelang, erfuhr ich erst sehr viel später. Wir wussten nur, dass sie bei Passau über die grüne Grenze liefen, mit zwei Koffern, zu Fuß durch den Wald. Das hatte uns Walter erzählt, der kurz darauf in Rumänien auf Durchreise war. Nur wenige Meter von ihnen entfernt sahen sie die Grenzsoldaten, wie sie mit ihren Maschinengewehren patrouillieren. Riskant war es allemal, denn im Kalten Krieg hätte Österreich rumänische Staatsbürger, ohne zu zögern an Rumänien ausgeliefert.

Erhard erzählte später, sie konnten es nur vermuten, dass sie auf der richtigen – also deutscher Seite aus dem Wald herauskamen. Das Erste, was sie erblickt haben, als sie die Landstraße erreichten, war ein riesengroßes Schild: »Willkommen in der Bundesrepublik Deutschland!« Ein unsagbarer Moment für die beiden. Jetzt waren sie sich sicher, in Freiheit zu sein. Die Flucht war geglückt, die Weichen neu gestellt. Jetzt hieß es, hoffen und durchhalten. Denn wir, der Rest der Familie, waren noch lange nicht in Sicherheit.

Von Langeweile konnte nicht die Rede sein. Nicht mehr, seitdem regelmäßig Pakete aus Deutschland eintrafen. Jetzt gab es statt warmer Milch und Brot mit Pflaumenmus, was sie noch nie mochte, Nutella und Erdbeerkaba zum Frühstück. Und zwischen den Mahlzeiten reichlich Maoam oder Kaugummi – das alles war keine Mangelware mehr. Sie zählte mit ihrer Schwester die Kaugummistreifen ab, oder die bunten Kugeln, die in einer Plastikverpackung steckten, und stellte fest: Ihre Sammlung war beträchtlich. Und Westprodukte unter Schülern so begehrt, dass sie die Gelegenheit gekommen sah, etwas davon in den Pausen zu verkaufen. Ein paar Lei als Taschengeld, das konnte sie allemal gebrauchen.

Und dann diese Kleider! Sie waren das Allerbeste an den Paketen. Bereits getragen, aber ausgesprochen modisch. Schlaghosen, Rollkragenpullover, Miniröcke, gelegentlich ein Mantel – schlagartig hatte ihre Garderobe Zuwachs bekommen. Jedes einzelne Teil musste sie vor dem Spiegel anprobieren, bewundern, sich darin drehen und wenden … Sie musste ihre Lieblinge ausführen, mit ihnen flanieren gehen.

»Plagen dich wieder die Hundsmücken?« – würde der Großvater sagen, hätte er sie jetzt in diesem Aufzug sehen können …

Jaaa! – schreit es aus ihr heraus. Sie hat es satt, dass ständig andere für sie entscheiden. Wie sie sich kleidet, wie sie ihre Haare trägt.

Sie steht vor dem Spiegel und ist dabei, alle Regeln zu brechen. Und was sie sieht, gefällt ihr. Glücklicherweise ist niemand zuhause. So kann sie sich ganz in Ruhe herrichten, und dann verschwinden.

Der Kajal, den sie sich von ihrer Schwester geliehen hat, zeigt Wirkung. Zwei riesige Katzenaugen starren sie an. Auch ist sie schlagartig gealtert. Ihr ist, als blickte ihr eine Achtzehnjährige entgegen. Sicher liegt das auch an den opulenten Creolen, die ihr an den Ohrläppchen baumeln.

Die Haare trägt sie offen, schulterlang. Seit ein paar Tagen ist sie die lästigen Zöpfe los, was schon beinahe an ein Wunder grenzt. Denn die Mutter – und sie hat die Hoheit über die Außenwirkung ihrer Töchter, hat sie diesmal tatsächlich überrascht. Nie hätte sie gedacht, dass diese jemals zur Schere greifen und ihr freiwillig die Haare schneiden würde.

Auch stellt sie zufrieden fest, dass der gerippte, orangefarbene Pulli aus Deutschland, jede, noch so kleine Wölbung an ihrem Oberkörper betont, so dass sie unwillkürlich ihre Schultern strafft und eine aufrechte Haltung einnimmt. Sie muss sich nicht mehr verstecken. Auch passt die Farbe vom Pullover sehr gut zu der rostfarbenen Schlaghose, stellt sie fest, ihrer Einzigen, die sie nun bei jeder erdenklichen Gelegenheit trägt.

In der Schule ist modische Kleidung tabu. Wie auch die kniehohen Lacklederstiefel, ein weiteres Geschenk aus Deutschland, die sie sich jetzt wie einen Strumpf überstreift; sie sind hochmodern. Die hohen Absätze lassen sie ganze zehn Zentimeter wachsen. Himmel – was ist sie stolz! Kann sich kaum von ihrem Spiegelbild losreißen. Aber die Gelegenheit ist günstig, sich davonzustehlen. Wohin, das würde sie sich unterwegs überlegen.

Noch vor ein paar Stunden gab es sie als brave Schülerin in dunkelblauer Uniform, die Haare zusammengebunden, mit einem weißen, gestärkten und gebügelten Haarband darüber. Ein Haarband muss sein, ist Pflicht. Wie die Uniform. Wie die Pionierkrawatte an Feiertagen. Wie das Notenheft, das jeden Morgen am Schultor vorgezeigt werden muss, wie ein Passierschein. Die diensthabenden Kontrolleure, bestehend aus Lehrern und Schülern höherer Jahrgänge, zwingen jeden zur Umkehr, dem etwas fehlt.

Das Kopfsteinpflaster mit den Katzenköpfen unter ihren Füßen macht ihr gehörig zu schaffen. Sie stakst auf den hohen Absätzen herum – nur gut, dass sie niemandem begegnet. Das Laufen auf hohen Absätzen will noch gelernt sein. Bald ist der asphaltierte Gehweg erreicht, tröstet sie sich. Denn bis zu ihrem Stammcafé, am Rande der Stadt, ist es noch ein weiter Weg.

Dabei weht der Wind ihr immerzu die Haare ins Gesicht – ein ungewohntes, aber beglückendes Gefühl. Mit Zöpfen hatte sie ihre Haare nie richtig gespürt. Sie schienen ihr wie angewachsen, wie Körperteile. Jetzt kann sie mit einer eleganten Kopfbewegung ihre Mähne zurückwerfen, wie sie das schon oft bei anderen gesehen hat. Ein weiteres Hindernis tut sich auf. Der großzügig bemessene Stoff ihrer Schlaghose wickelt sich andauernd um ihre Waden. Sie muss achtgeben, es könnte zur Stolperfalle werden. Zügig vorankommen wird sie heute nicht mehr, wird ihr bewusst, doch irgendetwas treibt sie weiter voran.

Unterwegs begegnen ihr lauter langhaarige Gestalten, sie tragen ihr Transistorradio auf der Schulter, führen sie aus, wie andere ihren Hund. Unüberhörbar dröhnt es aus den Boxen – mal die Beatles, mal die Stones. Wie ein lautstarker Protest, getarnt als Unterhaltungsmusik. Die Typen kommen sich dabei lässig vor, mit der riesigen Kiste auf der Schulter, mit der Zigarettenkippe zwischen den Fingern. Hier ist die Flaniermeile der Stadt! Eitelkeiten auf Schritt und Tritt. Man sieht, und wird gesehen, und auch sie erntet hin und wieder einen anerkennenden Blick, der sie im Vorbeigehen streift und ihr sagt, dass sie sich nicht umsonst abgemüht hat. Dabei taxiert auch sie die entgegenkommenden Passanten, nicht, dass sie womöglich jemandem begegnet, der sie zuhause verpetzen könnte.

Hundsmücken!

Der Großvater würde ihr eine kleben, wenn er sie so sehen würde. Wie vor ein paar Tagen, als sie – wie aus heiterem Himmel, eine Backpfeife von ihm kassiert hatte. Er hielt ihre Freundin Marianna für einen Kerl, als sie sich in der Dämmerung am Tor verabschiedet hatten, und sie wusste nicht, wie ihr geschah. Dabei war ein Stück von ihrem Zahn abgebrochen.

Seit der Trennung von Vater und Bruder ist manches anders geworden. Der Großvater wacht über sie, spielt sich als ihr Aufpasser auf, ist ungewöhnlich streng. Immer wieder rutscht ihm die Hand aus, und dann gibt es Tränen. Sie und Pipi sind jetzt Leidensgenossinnen und Verbündete zugleich, müssen zusammenhalten, wann immer eine von ihnen eine Verabredung hat. Wenn das die Mutter wüsste …!

Bald hat sie ihr Ziel erreicht, und mit jedem Meter, mit dem sie sich dem kleinen Café nähert, hüpft ihr Herz vor lauter Aufregung. Dort trifft sie garantiert jemanden, den sie kennt, lässt sich dann in einem der schwarzen Kunstledersessel nieder, schnorrt sich eine Zigarette – das machen alle so. Durch die Rauchschwaden lässt sich das Geschehen unauffällig beobachten. Ein Vorteil, der ihr spätestens nach einer Stunde zum Nachteil wird, wenn ihr die Augen brennen.

Noch in der Türschwelle erblickt sie Zuzi. Das ist gut! Zuzi ist zwar die Freundin der Schwester, doch auch sie profitiert von dieser Freundschaft. Nur wenn Zuzi schrill auflacht, und sich alle nach ihr umdrehen, ist es ihr peinlich, mit ihr gesehen zu werden. Andererseits kennt Zuzi viele Leute, und wen sie nicht kennt, lernt sie kurzerhand kennen. Wie unlängst, als sie ihr anvertraut hatte, für wen sie schwärmt. Da hatte es die Freundin geschickt eingefädelt: Kurz darauf saß Zoltán an ihrem Tisch.

»Du wirst es nicht glauben, was passiert ist!« – beginnt sie ihren Bericht, nachdem sie Platz genommen hat.

»Mutter hat mir freiwillig die Haare geschnitten!«

Immer noch scheint es ihr unbegreiflich und sie erzählt, wie sie vorhatte, die langen Zöpfe für immer loszuwerden, um endlich die Haare offen zu tragen. Wie sie jeden einzelnen Schritt geplant hatte. Zuerst den Zopf über die Gasflamme halten. Dann, geschwind, aus der Not heraus, das brennende Ende abschneiden. Dafür könnte die Mutter sie niemals bestrafen, rechnete sie sich aus, und baute auf Pipis Verschwiegenheit. Doch die große Schwester hatte Schlimmes befürchtet, hatte ihr Vorhaben der Mutter verraten.

»Ich werde dir nach dem Frühstück die Haare schneiden« – verkündete diese unerwartet. Konnte die Mutter Gedanken lesen? Ihr fehlten die Worte, auch die Widerworte. Selten genug, dass sie einer Meinung waren. Wenig später waren die leidigen Zöpfe Vergangenheit.

Die Kellnerin bringt jetzt den Kaffee, serviert ihn in den vertrauten, weißen Tassen mit dem breiten dunkelgrünen Rand. Er ist schwarz und stark. Zwischendurch an der Zigarette ziehen. Schmeckt bitter, wie der Kaffee. Aber nach Freiheit. Zug um Zug wird alles leichter. Bis dann die Tür aufgeht, und alles dorthin starrt.

»Razzia!« – Zuzis Augen weiten sich, ihr Blick gefriert.

Sie kommen. Wie immer, in Zivil. Die zwei steifen Gestalten, die sich jetzt auf ihren Tisch zubewegen, wollen Name, Adresse, Alter, und die Schule notieren.

Sie sind dran, alle beide, so viel ist klar. Doch Angst verspürt sie nicht. Schon eher Trotz. Sie ärgert sich, weil die Störenfriede ihren schönen Ausgehnachmittag verdorben haben.

Hastig trinkt sie ihren Kaffee aus und macht sich auf den Heimweg. Denn sie muss, wie alle Schüler der Stadt, noch vor 18 Uhr zuhause sein. Ein guter kommunistischer Schüler hat genügend Hausaufgaben auf, so die Begründung, und ohne elterliche Begleitung hat er in den Abendstunden nichts auf der Straße zu suchen. Die Anordnung der Schulbehörde wird mit aller Strenge durchgesetzt. Alles beugt sich diesem Schwachsinn, wie allen übrigen Vorschriften auch.

Sie weiß, was sie erwartet. Der nächste Schultag wird ein qualvoller sein. Los, an die Tafel! – wird der Lehrer sie anbrüllen. In jeder Schulstunde ein anderer, immer wieder von Neuem. Sie kann alles nur falsch machen. Wird in jedem Fach die schlechteste Note ernten, selbst, wenn sie alles weiß. Mit gespielter Reue wird sie die Schimpftiraden über sich ergehen lassen. Warten, bis Blitz und Donner vorüberziehen, denn diesem Gewitter ist nicht zu entkommen. Als Mädchen ist sie noch gut dran, kommt mit schlechten Noten davon. Die Jungs trifft es viel härter. Wer bei einer Razzia erwischt wurde, wird vor der ganzen Klasse kahlgeschoren. Die Glatzköpfigen sind die Ungehorsamen. Insassen in einem Gefängnis geht es nicht anders, denkt sie. Dabei haben die Jungs nichts verbrochen. Außer, sich in einem Café zu treffen.

Am nächsten Schultag stellt sie erleichtert fest, dass man ihre Familie über den Vorfall nicht informiert hat. Die Mutter weiß nichts von der Razzia, ahnt auch nichts von ihren Eskapaden. Glück gehabt. Noch einmal davongekommen …

»Übrigens möchte ich lieber sterben, als dies untergeordnete Leben weiterführen. So hatte Dantes, der vor drei Monaten nur die Freiheit ersehnte, jetzt nicht mehr genug an der Freiheit, die er besaß …«[7]

---

7 Dumas: Der Graf v. Monte Christo, S. 139

Was würde sie tun, würde sie eines Tages auffliegen? Wenn ihr Lügengebäude einstürzen würde – was dann? Mutter, Großvater, die Lehrer – wenn alle davon erfahren, dass sie einen Freund hat, den sie heimlich trifft. Und, dass sie raucht! Dass sie am liebsten alles Verbotene tut.

Das Gedankenkarussell drehte sich, die Sorgen holten sie immer wieder ein. Aber kaum, dass sie an ihn dachte, lösten sich alle Befürchtungen in Wohlgefallen auf. Sie dachte nicht daran, ihre Freiheiten aufzugeben! Sie würde sie verteidigen, allen Schikanen zum Trotz.

Komme was wolle.

Noch immer standen die Tannen kerzengerade wie Schutzmänner vor ihrem Haus, nur den Zweigen fehlte jegliche Kraft. Sie hingen träge herab, als wären sie vom Warten müde geworden. Wie die Verlassenen – ging es ihr durch den Kopf. Wie auch sie. Wie der Rest der Familie. Von einem Tag auf den anderen entzweit. Die unsichtbare Grenze, gesäumt von einem Immergrün aus Angst und Hoffnung, wird weiter wuchern, im täglichen Wettlauf mit der Zeit …

Zwar kann der Buchsbaum nichts dafür, dass ungezogene junge Triebe seine Konturen verunstalten, doch könnte er allmählich eine Rasur vertragen, dachte sie, während sich ihr Blick im Eingangsbereich verlor. Von Zeit zu Zeit inspizierte sie Garten und Hof, prüfte, wie weit die Natur fortschritt, als wollte sie Inventar führen über das, was ihr geblieben war. War alles noch an Ort und Stelle? Ein Impuls, jede noch so keine Veränderung nicht zu verpassen.

Kaum etwas erinnerte jetzt noch an die alte Ordnung. Der Vorgarten, einst als Park angelegt und die Zierde des Hauses, zeigte sich im einheitlichen Grün der Rasenflächen eher bescheiden, gesäumt von spärlichen Blumenrabatten, wo manches verkümmert war. Früher zählte es zu Vaters Aufgaben, mit einer Schnur, entlang der Büsche eine gerade Linie zu spannen, und alles überstehende Grünzeug abzuschneiden. Bis der Buchs eine glatte Oberfläche aufwies, wie die einer Tischplatte.

Dass der Großvater jetzt unmöglich alles allein bewältigen konnte, stellte sich mehr und mehr heraus. Immer schon musste er, um den Nutzgarten zu bewirtschaften, zeitweise Tagelöhner beschäftigen. Jetzt fehlten helfende Hände überall.

Auch die Garage war verwaist. Drum herum, im Hühnerhof, war es ruhig geworden. Kein Hühnerflattern und Gackern wie früher, wenn die Räder des Taunus über den Hof rollten und das Federvieh aufscheuchten. Kein Hundegebell zur Begrüßung des Vaters, wenn er abends nach Hause kam. Seit langem war er nicht mehr heimgekehrt.

»Ihr werdet das Auto verkaufen müssen« – hörte sie den Vater vor seiner Abreise sagen. »Es sind eure letzten Reserven«. Alles hatte er vorausgesehen, vorausgeplant. Dennoch: Nun war die Mutter mit allem allein. Auch schien sich ihre Trauer verdoppelt zu haben. Ganze Vormittage verbrachte sie auf den Knien, flehend im Gebet. Zumindest waren ihr tränennasses Gesicht und die geröteten Augen von Nutzen, wenn sie ihre Aussage bei den Behörden machen musste, und umso glaubhafter.

Seit der Flucht von Ehemann und Sohn wurde sie regelmäßig verhört. Sie behauptete, ihr Mann hätte sie und die Kinder im Stich gelassen. Er sei getürmt. Wiederholt wurde sie ins Kreuzfeuer genommen. Wiederholt behauptete sie, sie hätte nichts geahnt – nichts gewusst. Zum ersten Mal in ihrem Leben erlebte das Mädchen, dass die Mutter log, dass sie das achte Gebot übertrat, wissentlich. Aber sie log, um zu überleben, um ihre Familie zu schützen. Um den Preis der Hoffnung, eines Tages in Freiheit zu leben, den Sabbat halten zu können und nichts mehr befürchten zu müssen.

Es war der Preis für die große Reise ins Ungewisse.

Mehr denn je klammerte sich die Mutter nun an die Verheißungen aus der Bibel, trug sie vor sich her, wie ein Schutzschild:

»Denn er hat seinen Engeln befohlen, dass sie dich behüten auf allen deinen Wegen, dass sie dich auf den Händen tragen und du deinen Fuß nicht an einen Stein stößt.«

So hangelte sie sich an den Versen entlang wie an den Pfosten eines Zaunes, Tag für Tag. Nur so und nicht anders konnte sie ihren Alltag bewältigen. Bibelzitate auf Schritt und Tritt. Fast schon, als würde sie die Verheißungen einfordern, flocht sie ganze Passagen aus der Bibel in ihre Gebete ein, als wollte sie ihren Schöpfer an seine Versprechen erinnern.

»Wem ich gnädig bin, dem bin ich gnädig, und wessen ich mich erbarme, dessen erbarme ich mich.«

Es war nicht zu übersehen, wie schwer die Bürde war, an der sie zu tragen hatte. Mit hängenden Schultern, den Blick gesenkt und nach innen gekehrt, gab sie sich ihren Gedanken hin. Ihre tägliche Andacht, die stille Stunde war jetzt wichtiger denn je, nahm den ganzen Vormittag ein. Die Hausarbeit blieb liegen. Die Mädchen sollen mehr helfen, drängte der Großvater, drängte auch sie. Und so muteten die Verse, die die Mutter seit ihrer Jugendzeit in ihrem Poesiealbum festgehalten hat, beinahe zynisch an:
»Hab' Sonne im Herzen, ob's stürmt oder schneit, ob der Himmel voll Wolken, die Erde voll Streit ...«

Wann hatte sie die Mutter das letzte Mal lachen sehen? Sie konnte sich kaum noch daran erinnern. Sonne im Herzen ... Das hatte sie sich auch gewünscht, jetzt, wo der Vater fort war. Es fehlte sein Lachen, seine vertraute Stimme. Das Funkeln seiner Augen, wenn er sich freute. Mit ihm war alles so viel leichter, immer schon. Nur er war in der Lage, sie alle mit seiner unbändigen Energie aufzuladen. Er fehlte.

Wo war er jetzt, und wie erging es ihm in der Fremde? Seine Briefe klangen förmlich, was der Zensur geschuldet war. Seinen Zeilen war wenig zu entnehmen, so war er auf der sicheren Seite. Und telefonieren – undenkbar!

Seit der illegalen Ausreise, die wie ein Lauffeuer alle Instanzen erreichte, waren die Geflohenen, aber auch der ganze Rest der Zurückgebliebenen gebrandmarkt. Schikanen in der Schule wurden von der Lehrerschaft bewusst inszeniert. Es galt, ein Zeichen setzen. Landesverräter! Faschistenkind. Ständig neue Varianten. Jetzt gehörte sie nicht bloß zur deutsch-ungarischen Minderheit, jetzt zählte sie zu den Feinden des Sozialismus, die das System untergraben haben. Von der Zugehörigkeit ihrer Familie zu einer religiösen Minderheit, die ohnehin nur geduldet war, ganz zu schweigen.

Doch die Beschimpfungen in der Schule liefen bei ihr allmählich ins Leere, wie auch die ständigen Ermahnungen der Mutter, auf dem rechten Weg zu bleiben. Als hätte sie sich einen Panzer zugelegt, konnte sie nichts mehr treffen. Nicht der Hass in der Schule, nicht die Androhungen der Mutter. Nicht die vermeintliche Strafe, die sie vom Großvater zu befürchten hatte, würde er seine Drohungen wahr machen. Eine wohltuende Taubheit machte sich in ihr breit und machte das Leben leichter.

»Nun heißt es ein Mann sein und sich nicht aus der Fassung bringen lassen, sonst würde ich umsonst gelitten haben. Das Herz kann brechen durch das Scheitern einer Hoffnung, wenn es so lange durch sie genährt worden ist. Ich will in die raue Wirklichkeit zurückkehren … Mit diesen Gedanken will ich hinabgehen.«[8]

Während Vaters Abwesenheit holte mich immer wieder der gleiche Traum ein. Ich träumte, dass ich falle. Von einer Brücke oder einem Gebäude, das weiß ich nicht mehr genau. Ich fiel und fiel, und kurz bevor ich den Boden erreichte, wachte ich auf. Mein Herz raste, und ich konnte den Albtraum weder abstellen noch seine Bedeutung entschlüsseln. Bis ich eines Tages von Ikarus erfuhr …

Es war zu Beginn der achten Klasse. Abschied lag in der Luft. Einerseits, weil wir die Ausreise nach Deutschland beantragt hatten und auf die Erlaubnis hofften. Andererseits,

---

8 Dumas: Der Graf v. Monte Christo, S. 143

weil die Kunstschule in der Achten endete. Wer auf ein weiterführendes Kunstgymnasium wechseln wollte, musste eine Aufnahmeprüfung bestehen.

Es kam für mich überraschend und einem Ritterschlag gleich, als unser Kunstlehrer die drei Namen nannte, die hierfür in Frage kamen: Mathilda, Marianna und ich. Doch mir war bewusst: Mutter würde mir nie erlauben, in eine andere Stadt zu ziehen. Schon gar nicht unter den vagen Umständen unserer entzweiten Familie. Schweren Herzens musste ich auf meinen Traum verzichten.

Zum Abschied sollten wir die gemeinsame Zeit mit einer Gemeinschaftsarbeit beenden, schlug László vor. Eine lange Papierrolle – wie ein Teppich ausgerollt – diente als Malgrund, auf dem wir uns alle verewigen sollten. Das Thema war vorgegeben. Es war die Geschichte von Dädalus und Ikarus, von der ich zum ersten Mal erfuhr, von Vater und Sohn, die auf einer griechischen Insel gefangen waren und ihrer Gefangenschaft mithilfe von selbstgebauten Flügeln entkommen wollten.

Wir alle waren mit Feuereifer dabei, und es entstand ein bunter Teppich mit Motiven des griechischen Mythos, die so untypisch wie fortschrittlich für sozialistische Verhältnisse waren. So behielt ich auch meinen Kunstlehrer in Erinnerung – als außergewöhnliche Persönlichkeit, seiner Zeit voraus. Viele Jahre später erfuhr ich, dass er zu den etablierten Künstlern des Landes zählte.

Zwar weiß ich nicht mehr genau, welchen Part der Geschichte ich gemalt hatte, doch deren Tragik – dass Ikarus abstürzte, weil er zu hoch hinauswollte, weil die Sonne das Wachs in seinen Flügeln zum Schmelzen brachte, das wollte ich nicht wahrhaben. Er sollte fliegen – entkommen! Wie auch ich. Noch bevor ich aufschlagen würde … Dem Albtraum ein Ende bereiten.

Am Ende des Sommers, in dem Vater und Erhard geflohen waren, hatten wir den Antrag auf Familienzusammenführung gestellt. Und wie ich Jahre später erfuhr, liefen auch drüben, auf deutscher Seite die Bemühungen auf Hochtouren. Vater und Erhard schrieben Bittbriefe ans Deutsche Rote Kreuz und an den damaligen Außenminister Hans Friedrich Genscher.

Sie ließen nichts unversucht, um die Sache voranzutreiben. Auch unser Großonkel mit Diplomatenstatus, der sich kurz vor seinem Ruhestand als Weinminister befand, wollte sich für uns einsetzen und etwas riskieren. Er machte seinen Einfluss im Ministerium geltend, soweit es ihm möglich war. Trotz vielfacher Bemühungen sollte es noch ganze zwei Jahre dauern, bis unsere Ausreise genehmigt war. Doch bis dahin musste das Leben irgendwie weitergehen.

»Ist das Schwarze Meer auch wirklich schwarz?«, fragte der Vierjährige besorgt, aber die Mutter gab keine Antwort. Sie war eingeschlafen, und seine Frage ging ins Leere, während der Zug durch die Landschaft ratterte und ganze Dörfer verschwinden ließ. Alles rauschte vorbei. Die Waggons fraßen sich durch die Ortschaften, durch liebliche Wiesen mit weidenden Schafen, vorbei an schäbigen Fabrikhallen, die in finsteren Farben das lebhafte Grün verschandelten. Die mit ihren mächtigen Schloten, über alles erhaben, unablässig gelbe Schwefelwolken ins Himmelblau jagten. Und doch nur Zwerge, lächerlich kleine, angesichts der Weite des Firmaments, das alles überspannte.

Alles konnte verschwinden. In Bruchteilen von Sekunden wechselte die Landschaft, kam die Veränderung. Wie leicht konnte man ein Leben hinter sich lassen, dachte sie. Noch nie war sie so weit von ihrem Zuhause entfernt, aber der Vater hatte darauf bestanden – ihr fahrt bitte mit Mutter ans Meer, sie braucht dringend Erholung, schrieb er, und auch der Großvater war dafür. Keine zwei Tage zuvor fiel die Entscheidung, dann zügig die Koffer gepackt, ihr braucht wenig Kleidung bei der Hitze, ihr seid ohnehin den ganzen Tag am Strand, hieß es, und jetzt saßen sie seit Stunden im Zug. Die beiden Schwestern wachten über dem Jüngsten, während die Mutter, die meiste Zeit vor sich hindöste.

Es waren die letzten Wochen der Sommerferien. Bevor das neue Schuljahr begann – und bei diesem Gedanken verdüsterte sich ihre Stimmung, müsste sie Zwangsarbeit leisten, für die Kooperative. Zum ersten Mal traf es auch sie. Schüler der höheren Klassen wurden als gute Arbeitskräfte eingestuft, noch dazu kostenlose. Als freiwillig wurden Verpflichtungen dieser Art deklariert. Jahr für Jahr wurden Schüler als Erntehelfer auf Maisfeldern oder in den genossenschaftlichen Obstplantagen eingesetzt, immer gegen Ende der Sommerferien.

Doch für die bevorstehenden zwei Wochen erwarteten sie Sonne pur und das Strandleben, das sie nur vom Hörensagen kannte. Noch nie hatte sie das Meer gesehen, ihr Wissen hierzu stammte aus dem Erdkundeunterricht. Und von der Mutter. Das Meer ist sehr gefährlich! – flocht sie die Botschaft in ihre Sätze ein, man könne überall ertrinken, selbst in einem Tümpel, beteuerte sie. Warum? Warum, überhaupt ans Meer fahren? Wie könnten sie die Mutter je dazu bewegen, mit ihnen in das Spiel der Wellen einzutauchen – mit ihnen baden zu gehen? Oder würde sie am Rand sitzenbleiben und unentwegt lamentieren? Das Mädchen machte sich auf alles gefasst. Wieder brach Russland in ihren Alltag ein, die Angst vor dem Ertrinken steuerte auf einen neuen, unbekannten Höhepunkt zu.

»Hütet euch davor, zu tief ins Wasser zu gehen!« – hörte sie ihre Rufe von Weitem, dabei reichte ihnen das Wasser gerade Mal bis zum Knie, und wenn die Mädchen zu ihrem Liegetuch zurückgekehrt waren, bekamen sie zum x-ten Mal die Russlandgeschichte zu hören. Wie die Mutter fast ertrunken wäre, in eisiger Kälte. Wie das Floß mit den Gefangenen langsam unterging – wie das Wasser stieg und stieg, und niemand zu Hilfe eilte. Erst in allerletzter Minute …

Wie oft war sie auf diese Weise schon gestorben, in dem besagten sibirischen Fluss. Das Grauen ließ dennoch nicht nach, die Geschichte wollte wiederholt erzählt werden, immer wieder von Neuem.

Die Mutter konnte nicht schwimmen. Sie hatte es nie gelernt, auch ihre Kinder nicht, sie sollten jegliches Gewässer meiden. Öffentlich baden gehen, zuhause, im Nachbarort Eidisch, wo die Becken mit salzhaltigem Wasser gefüllt waren und das Untergehen nahezu unmöglich war, war der einzige Kompromiss, den sie den Kindern zuliebe einging. Salzwasser trägt. Salzwasser ist gut für die Haut. Ein Wissen aus Büchern. Dennoch fiel ihr die Entscheidung zu dieser Fahrt ans Meer alles andere als leicht.

Der Strand. Die Sonne. Sie stand senkrecht am Himmel, brannte gnadenlos auf die Urlauber nieder, die sich vor der Mittagshitze unter aufgespannte Bettlaken gerettet haben. Jedes Handtuch musste seinen Platz erobern. Jeder Quadratzentimeter am Strand war belegt.

»Kinder, wir müssen alle früher aufstehen« – forderte die Mutter, »dann sehen wir den Sonnenaufgang!« Damit lockte sie ihre Langschläfer aus dem Bett. Auf diese Weise war auch der nötige Liegeplatz gesichert, und zum Frühstück gab es Joghurt mit Stangenbaguette am Strand. Dazu das morgendliche Schauspiel mit der feuerroten Kugel, die den Wellen entkommen war und himmelwärts strebte.

Die Stunden vergingen – die Tage. Oft war ihre Haut abends knallrot, wenn sie in ihre Pension zurückgekehrt waren, warf blasen. Aber nur so wird man braun, hieß es von allen Seiten, und sie kümmerte sich wenig um den Sonnenbrand, der zu einem Urlaub am Meer dazugehörte wie ihr roter Bikini.

Wo war Reini? – der Junge war weg, noch vor Kurzem hatte er mit seiner Schaufel im Sand gespielt. Schnell! – schrie die Schwester auf, und schon liefen sie völlig panisch, alle beide, in verschiedene Richtungen. Hielten Ausschau, riefen seinen Namen. Doch ihre Stimmen kamen gegen das Getöse der Wellen nicht an. Vergebens rannten sie auf und ab. Der Junge war nicht auffindbar.

Aber sie mussten ihn finden – unbedingt, noch bevor es die Mutter merken würde. Nicht auszudenken, wenn er nicht wiederkäme, wenn er … Doch diesen einen Gedanken durfte sie gar nicht erst zu Ende denken.

Ihre Verzweiflung erreichte den Höhepunkt, ihr Herz raste. Dann, als ihre Angst kaum noch zu ertragen war, erblickte sie einen Mann mit einem weinenden Kind an der Hand.

Da war er! – der kleine Bruder. Hatte er sich verirrt, zwischen all den Menschen und nicht mehr zurückgefunden? Jetzt lief ihr auch schon die Mutter entgegen, wild fuchtelnd – warum habt ihr nicht auf ihn aufgepasst, zeterte sie, doch beim Anblick ihres Jüngsten glätteten sich ihre Züge zusehends. Ein Segen! Sie faltete die Hände zum Dankgebet, schickte mehrere Stoßgebete zum Himmel, bedankte sich auch bei dem jungen Mann, der ihren Sprössling zurückgebracht hat. Danach ließ sie den Kleinen nicht mehr aus den Augen.

Am letzten Abend vor ihrer Heimreise hatte sie einen Schmuckstand in einem Strandbasar entdeckt. Sie kaufte ein Armkettchen, heimlich. Sie selbst dürfte so etwas niemals tragen. Aber sie könnte es verschenken.

»Das wird mein Abschiedsgeschenk für Zoltán« – flüsterte sie Pipi ins Ohr und zeigte ihr das neue Schmuckstück. »Christine« stand auf der schmalen Silberplakette eingraviert, die links und rechts von einer grobgliedrigen Kette gehalten wurde, mit einem Verschluss auf der Innenseite des Handgelenks.

Mit Abschied hatte sie an das allerletzte Mal gedacht … Wenn sie ihm Lebewohl sagen würde. Sie klammerte sich an die Hoffnung, dass dieser Tag bald kommen würde, dass ihre Ausreise bevorstand. Nur wann?

Unmittelbar nach unserem Urlaub, Mitte September, stand mir ein Schulwechsel bevor. Während der langen Zugfahrt dachte ich mit gemischten Gefühlen daran, was mich erwarten würde. Das deutsche Gymnasium endete mit dem achten Schuljahr, so dass ich für ein deutsches Abitur nach Hermannstadt oder Kronstadt hätte ziehen müssen, in ein Internat, was zu diesem Zeitpunkt völlig undenkbar war.

Unsere Familie war ohnehin schon zerrissen, also musste ich mich entscheiden: Sollte ich in ungarischer oder rumänischer Sprache weitermachen?

Notgedrungen besuchte ich dann ab September 1975 das rumänische Gymnasium und blieb in Reen. Sprachlich war es etwas leichter, als den gesamten Lehrstoff in allen Fächern auf Ungarisch zu büffeln, obwohl ich fließend Ungarisch gesprochen habe. Dennoch war es eine riesige Umstellung in der Neunten, Mathe, Physik und Chemie auf Rumänisch zu haben. Rumänische Literatur und Grammatik wurde von Anfang an unterrichtet, auch in den deutschen oder ungarischen Klassen, denn es war die Amtssprache, die alle beherrschen mussten.

Wenigstens war ich mit diesen Herausforderungen nicht allein. Eine Handvoll Gymnasiasten meiner deutschen Klasse wechselten mit mir gemeinsam. Doch dann die nächste Hürde: Russisch und Latein kamen zu allen bisherigen Sprachen hinzu; die reinste Sprachverwirrung. Oft fühlte ich mich mit all den Sprachen überfordert: Englisch, als erste Fremdsprache ab der Vierten, ab dem sechsten Schuljahr kam Französisch hinzu, parallel der Unterricht auf Deutsch und Rumänisch, zuhause Ungarisch. Ich jonglierte täglich mit fünf Sprachen und sollte jetzt auch noch Russisch und Latein lernen? Mein Kopf verweigerte alles Neue. Und überhaupt: Wozu sollte das alles gut sein? Immer wieder dachte ich an unsere Ausreise, klammerte mich an diese Hoffnung als letzten Ausweg, der Schulalltag war immer schon schwer zu ertragen, und dann noch dieses Chaos! Und, als wäre das nicht genug, ließen die neuen Lehrer uns deutlich spüren, dass wir an einem rumänischen Gymnasium als deutschstämmige nicht gerade willkommen waren.

Dafür rächten wir uns auf unsere eigene Weise. Bei Klassenarbeiten schrieben wir uns gegenseitig Spickzettel – allerdings auf Deutsch, und verwendeten dafür russische Buchstaben. Wie sehr kamen wir auf unsere Kosten! Diese entsetzten Gesichter – wie hätten sie den Inhalt je entziffern können? Ihre Ohnmacht unsere Genugtuung. Bei jeder erdenklichen Gelegenheit vorgeführt oder gar bestraft zu werden, war unser Schicksal ohnehin, zumindest hatten wir auch ein paar Momente der Schadenfreude.

Kurz vor Weihnachten sollte ich eine große Überraschung erleben, und auch der Rest der Familie. Mein Glaube an Wunder war immer noch ungebrochen, doch an diesem Wintertag traute ich meinen Augen kaum. Was ich zu sehen bekam, als ich morgens am Fenster stand, grenzte an eines. Zwei Gestalten näherten sich unserem Tor. Von den beiden kam mir der eine seltsam vertraut vor … War es der Gang oder die Körperhaltung? Erhard! – schoss es mir durch den Kopf. Aber: Wie konnte das möglich sein? Und tatsächlich, mein großer Bruder war gekommen. Er war aus Deutschland angereist, um uns zu überraschen, zusammen mit Georg, Mutters Cousin aus Nürnberg.

Die Freude war unbeschreiblich groß, aber das Risiko auch. Dass wir ihn nach einem Jahr Trennung, unter diesen Umständen der illegalen Ausreise wiedersehen würden, hätten wir uns niemals erträumt. Denn Erhard besaß – im Unterschied zu Vater, der noch im Durchgangslager in Nürnberg interniert war, bereits den deutschen Pass. Damit fühlte er sich auf der sicheren Seite. Die Deutschen würden ihre Bürger nicht im Stich lassen, ihn notfalls freikaufen, war seine Überzeugung, falls die rumänischen Behörden ihn festnehmen sollten. Ein wenig leichtsinnig oder zumindest naiv war es schon, sich so kurz nach der Flucht wieder in die Nähe seiner Feinde zu begeben. Und wieder grenzte es an ein Wunder: Es gab keinerlei Zwischenfälle. Wir feierten Weihnachten und unser Wiedersehen. Anschließend kehrte er wieder nach Deutschland zurück, zu Vater.

Der Tag hatte unschuldig, ja beinahe langweilig begonnen. Es war einer dieser Sonntage, die ihr die altbekannte, unverwechselbare Mischung aus Trägheit und Ziellosigkeit beschert hatte, wäre es nicht der 1. Mai 1976 gewesen …

Noch am Vorabend zu dem Maifeiertag, an dem sie pflichtmäßig defilieren würde, stand sie vor dem Spiegel. Aber ihr Spiegelbild bereitete ihr keine Freude. Diese Beine! Missmutig streifte ihr Blick ihre dürre Gestalt. Sie konnte essen, soviel sie wollte – es blieb einfach nichts hängen.

Sie klappte die Seitenflügel des Spiegels ein, so, dass sie sich auch von hinten betrachten konnte, aber so sehr sie sich auch drehte und wendete, sich um einen günstigeren Blickwinkel bemühte – vergebens. An den zwei unförmigen dürren Stangen, für die sie sich stets schämte, war so schnell nichts zu ändern.

Streichholzbeine, hallte es in ihr wider, die Rufe ihrer Mitschüler, und auch die Mutter bestätigte es jedes Mal, wenn Besuch kam. Dass sie sehr schnell gewachsen sei, entschuldigte sich für ihr mageres Kind, sobald sie die überraschten Blicke der anderen registriert hatte.

Sie hätte noch den ganzen Abend so verbringen können, mit ihrem Spiegelbild, unermüdlich und getrieben von der Hoffnung, doch noch etwas zu finden, was sie milde und versöhnlich stimmen könnte. Doch nichts dergleichen. Stattdessen lag ein weiteres Problem vor ihr – maisgelb und kaum vier Ellen lang, ausgebreitet auf dem Bett. Der knappe Stofffetzen würde gerade mal ihren Po bedecken, dachte sie, noch bevor sie sich das schlichte Baumwollkleid mit dem glockigen Rockteil übergestreift hatte, und unter anderen Umständen hätte sie sich riesig gefreut, dass sie hochoffiziell und mit Anordnung von oben Mini tragen durfte, was ihr sonst verwehrt blieb.

Aber mit diesen Beinen?!

Schlaghosen, ultrakurze Miniröcke und Plateau-Schuhe waren jetzt hochmodern. Die Mode hatte sich durchgesetzt, wo sie doch sonst, wie alle anderen Einflüsse aus dem Westen auch, im Sozialismus verboten war. In Rot hätte ihr das Kleid viel besser gefallen – in ihrer Lieblingsfarbe. Aber sie bekam ein gelbes. Das war Teil der Choreografie. Eine Ähre ist nun mal gelb, und nicht rot. Und ihrer Bestimmung nach sollte sie beim Defilieren eine Ähre sein, zumindest für einen Tag.

Anlässlich des Nationalfeiertages hatte der Großvater am Haus die Fahne gehisst, wie alle anderen Haushalte auch, das Unkraut am Gehweg vor dem Haus gejätet. Denn er wusste, nur dann waren die Abgesandten der Securitate friedlich gestimmt, die bereits durch die Straßen patrouillierten. Das Pflichtprogramm der Schulklassen war das Defilieren. Hammer und Sichel, umschlossen von einem Ährenkranz, das Wappen Rumäniens, sollte diesmal lebendig nachgestellt werden, mit hunderten von Schülern aus sämtlichen Schulen der Stadt. Schon Wochen zuvor hatte man mit dem Einüben der Aufführung begonnen, auf einem riesigen Sportplatz, es durfte nichts schief gehen. Die Lehrer achteten besonders streng darauf, dass die Schlusschoreografie mit dem Wappen gelang.

Sie würde sich als Ähre, im Takt der Musik hin- und herwiegen, wie vom Wind getragen, nach links und rechts, im gelben Kleid, dazu den Holzreifen schwingend, ebenfalls in Gelb.

Dass ihre Beine über Nacht kaum zunehmen würden, war ihr bewusst. Immer noch betrachtete sie die dünnen Stelzen im Spiegel, die zu allem Überfluss nach dem langen Winter blass, ja sogar käseweiß waren, und fing an zu grübeln. Könnten hautfarbene Nylonstrümpfe die Situation retten? Diesen Gedanken musste sie wieder verwerfen. Viel zu kostbar – schwer zu ersetzen. Eine Laufmasche, und sie wären hin. Und dann würde es bis zum nächsten Paket aus Deutschland dauern, sofern der Vater überhaupt daran dachte, wieder Nylonstrümpfe zu schicken.

Selbstbräuner! Selbstbräuner wäre die Lösung. Glücklich über ihren Einfall, holte sie die Tube hervor und trug die Creme gleichmäßig auf. Über Nacht würden ihre Beine braun – und alles würde gut werden. Doch am nächsten Morgen, als sie vom Glockenläuten erwachte – oh Schreck! Ein flüchtiger Blick in den Spiegel bestätigte ihr, dass die Beine nicht mehr käseweiß waren, viel schlimmer noch: gelbbraun gescheckt. Doch jetzt gab es kein zurück. Sie musste den Tag mit der lästigen Veranstaltung und ihren missratenen Beinen, wohl oder übel hinter sich bringen.

Mit jedem Schritt, mit dem sie sich dem Treffpunkt näherte, stieg ihr Widerwille. Diese geheuchelte Vaterlandsliebe – wie sie das hasste! Gedichte und Lieder vorzutragen, die das Vaterland anpriesen, von Traktoren und Fabriken schwärmten, wie von einem Geliebten, fern jeglicher Realität. Sie sah die Erstklässler vor sich, wie schon bei den Proben, wie sie ihre Texte ekstatisch und wie abgerichtet ins Mikrofon brüllten, ohne das Gesagte im Geringsten zu begreifen. Dennoch würden ihre Eltern applaudieren, mit zum Teil geheucheltem Stolz.

Sie spürte, für sie war es allerhöchste Zeit, diesem Land den Rücken zu kehren. In den vergangenen Monaten kam es häufiger vor, dass man beim Einkaufen Schlange stehen musste. Die Grundnahrungsmittel wurden rationiert. Es gab nur ein Liter Öl und ein Kilo Zucker oder Mehl pro Haushalt. Obendrein die Anfeindungen in der Schule. Beschimpfungen und schlechte Noten. Das Leben wurde zunehmend unerträglich. Ihr fehlten die Nachmittage in der Kunstschule, und die Freundinnen, die auf andere Schulen verstreut waren und die sie kaum noch zu sehen bekam.

Normalerweise war an Sonntagvormittagen die Stadt leergefegt. Jetzt säumten Menschenmassen die Hauptstraßen von Reen, als würden sie den Staats-Chef erwarten. Vorneweg marschierte die Blaskapelle, die Musik ohrenbetäubend. Hintendran die Schüler, gekleidet in Rot, Gelb und Blau, den rumänischen Nationalfarben, mit Keulen, Fahnen und Reifen hantierend, wie sie es einstudiert hatten.

Kurz bevor sie das Zentrum erreicht hatten, fasste sie einen Entschluss. Bei der nächstbesten Gelegenheit würde sie sich von der Marschtruppe absetzen. Sollen doch alle machen, was sie wollen, dachte sie, dessen ungeachtet, dass sie am darauffolgenden Montag in der Schule Schimpfe und Häme ertragen müsste. Es war ihr egal.

Dort, wo die Dedrader Gasse in den Hauptplatz mündete, würde sie die Biege machen. Sie würde davonhumpeln, als hätte sie ihren Knöchel verstaucht. Kaum jemand würde ihr folgen, könnte ihre Lüge entlarven.

Ihr Plan ging auf. Sie täuschte Schmerzen vor, humpelte von dannen, und als sie dann außer Sichtweite war, atmete sie auf. Dann rannte sie nach Hause und triumphierte innerlich, dass sie unbemerkt entwischen konnte. Jetzt konnte sie sich von ganzem Herzen auf den Sonntagnachmittag freuen, und nichts war ihr lieber als die gewohnte Langeweile.

Das Haus lag friedlich im Schatten des alten Nussbaumes, der an der Hauswand lehnte, mit Zweigen, die das Haus, das Dach und die grünen Fensterläden von einer Seite umarmten, wie einen alten Freund. Ein blechernes Schild am oberen Rand der Fassade nannte den Besitzer und dessen Beruf: »Josef Nösner. Uhrmacher.«

Es war ihr Kleinod, all die Jahre. Jetzt, im Frühling verströmte der Flieder seinen betörenden Duft, sie würde die Fenster weit öffnen und es genießen, und auch die Schönheit der Obstbäume. Wie lauter Bräute standen sie da, geschmückt, im weißen Blütenkleid, ihre Pracht als größte Darbietung in Erwartung des Neuen.

Dagegen wirkte das Haus verlassen, menschenleer. Vermutlich war Otata zu seinem Rundgang aufgebrochen, sonntags pflegte er seine langjährigen Freunde zu besuchen. Und Minitante? Sicher hatte sie in ihrer Küche zu tun.

»Eure Mutter wollte Geschwister im Krankenhaus besuchen«, erklärte sie, als sie ihre Wohnküche betrat und nebenbei registrierte, dass auch Emmchen, wie so oft, verschwunden war. Ihre Schwester Pipi traf sich, ganz bestimmt heimlich mit ihrem Freund; auch von ihr keine Spur. Alle waren ausgeflogen.

Was nun. Sie ging hinauf, legte sich auf die Chaiselongue und betrachtete das riesige Gobelinbild darüber. Die drei Grazien, die fortwährend und lächelnd in ihrem Garten lustwandelten, mit Flöte, Harfe und Laute musizierend. Sie schienen unermüdlich, seit bald hundert Jahren. Ihr Müßiggang war ansteckend. Jetzt erlag auch sie der angenehmen Trägheit des Nachmittages, der jeglichen Zweck verloren hatte. Unzählige Male war sie in diesem Bild versunken. Immer, wenn sie krank war. Dann schienen sich die Figuren auf sie zuzubewegen, und sie wünschte sich sehnlichst und stellte sich vor, hinter der zweimeterhohen Tapisserie befände sich ein Geheimgang. So, wie sie es in einem ihrer Romane gelesen hatte. Geheimgänge faszinierten sie sehr. Eines Tages würde sie ein Schloss aufsuchen, eines mit Geheimgängen, notierte sie auf ihre innere Wunschliste.

Vorläufig blieb ihr nur das süße Nichtstun, und sie genoss es, dass niemand da war, der sie zu irgendwelchen Pflichten hätte ermahnen können. Sie lag im halbdunklen Zimmer und hörte Radio. »Angie«, hauchte einer der Stones ins Mikrofon – es war ihr Lieblingslied. Sie musste an Zoltán denken, wie schön diese Liebe anfangs war. Doch seit ein paar Monaten waren sie getrennt, und ihr erstes Gedicht mit dem Titel »November« das sie auf Ungarisch verfasst hatte, galt ihrem ersten Liebeskummer. Eines Tages, das war ihr bewusst, würde sie ohnehin Abschied nehmen müssen. Eines Tages. Doch als Nächstes musste sie die Nachprüfung bestehen. Das erste Jahr auf dem rumänischen Gymnasium war ein einziger Abstieg.

»Ich muss mich zur Nachprüfung in Mathe anmelden«, gestand sie ihre Niederlage der Mutter. Am Ende der Sommerferien wäre es so weit. Und wenn sie die Prüfung nicht besteht? Nicht auszudenken! Dann müsste sie die Klasse wiederholen. Bei diesem Gedanken wich alle Trägheit, und das Blut schoss ihr durch die Glieder. Vorbei war es mit der Melancholie, mit der Träumerei an diesem Nachmittag …

Sie dachte, sie hätte etwas gehört. Das Quietschen des Tores etwa? Sie wollte nachsehen, wer gekommen war. Erwartungsvoll blickte sie zum Eingang, aber dort tat sich nichts. Kein unverhoffter Besuch, niemand weit und breit, alles wie immer. Fast schon ein wenig enttäuscht trat sie den Rückzug an, als ihr Blick, einer inneren Stimme folgend, ein letztes Mal den Eingangsbereich streifte.

Irgendetwas war anders als sonst …

Der Briefkasten. Vielmehr der Briefkastenschlitz. Dort leuchtete etwas in Blau. Merkwürdig. Post an einem Sonntag? Das gab es noch nie. Sie überlegte, was so wichtig sein konnte, dass es an einem Feiertag zugestellt werden würde. In wenigen hastigen Schritten stand sie davor, und bald darauf lag des Rätsels Lösung in ihrer Hand.

Schauer durchliefen sie, am ganzen Körper. Ausgerechnet sie hatte das Schicksal auserkoren. Sie durfte die blaue Postkarte aus dem Briefkasten fischen. Die amtliche Benachrichtigung, dass ihre Ausreisepapiere abholbereit waren.

»Sie irren sich, mein Freund (…) Gott scheint bisweilen zu vergessen, wenn seine gerechten Handlungen ausbleiben, aber er ist immer in dem Augenblick da, wenn man am wenigsten daran denkt – und hier ist der Beweis.«[9]

Die Buchstaben verschwammen. Sie musste den Satz immer und immer wieder lesen. Träumte sie? War es tatsächlich soweit? Das glaubt mir niemand! – schoss es ihr durch den Kopf. Sie war elektrisiert, bis in die Haarspitzen. Schwebte förmlich. Dann rannte sie los, wie Barry, der Hund, wenn er sich freute, sie suchte nach jemandem, mit dem sie ihr Glück teilen könnte. Das Unfassbare – langersehnte. Keine Nachprüfung, keine Schikanen mehr! Die Gedanken überschlugen sich. Sie hörte ihr Herz bis in die Ohren pochen. Fühlte sich wie im Rausch, wie unter Drogen. Sie lief ins Haus, doch Minitante schlief. Und Emmchen? Die Tante war immer noch nicht auffindbar. Sie konnte es kaum fassen: Von einer Minute zur anderen hatte sich ihr Leben verändert, und sie konnte es keinem sagen!

In ihrem ersten Freudentaumel eilte sie zu ihrer besten Freundin Marianna, aber auch die war nicht da. Dann lief sie zurück, und auf dem Heimweg traf sie auf die Mutter. Sie hatte sie von Weitem

9 Dumas: Der Graf v. Monte Christo, S. 170

erblickt, wie sie die Neugasse hochging, gebeugt und mit müden Schritten. Dabei war es nicht allein der Berg, der ihr zu schaffen machte. Bald wird sie vor Freude springen wie ein Reh, dachte Christine, nur noch ein paar Schritte trennten sie von dem Augenblick, der auch ihr Leben verändern würde. Das Warten hatte ein Ende. Gleich wird sie ihre Mutter glücklich sehen …

Auch die Mutter brauchte eine Weile, bis sie begriff. Bis ihr vorsichtiges Lächeln sich übers ganze Gesicht ausbreitete. Ist das wahr? – wiederholte sie immerzu die gleiche Frage.

In ihrem ganzen Leben könnte sie nie wieder so glücklich sein, wie an diesem Tag im Mai, fühlte sie tief in ihrem Inneren. Für den Rest ihres Lebens würde sie sich an diesen Tag erinnern. An dieses berauschende Gefühl, an die Gänsehaut – an diese Leichtigkeit. Schwerelos, wie eine Tochter des Hermes schwebte sie davon und überbrachte nach und nach allen Verwandten und Freunden die gute Nachricht. Zwei Monate später war die Heimat in Siebenbürgen für immer Vergangenheit.

> In der Vorfreude auf unsere Ausreise fiel mir der Abschied gar nicht schwer. Großvater sagte: »Einen alten Baum verpflanzt man nicht«. Das war seine Antwort auf Mutters Bitte, uns nach Deutschland zu folgen, und er sprach dabei auch im Namen von Minitante und Emmchen. Er käme ganz sicher zu Besuch, versprach er. Man konnte es ihm nicht übelnehmen, aber Mutter spürte die neue Zerrissenheit. Bald wird sie von ihrer Herkunftsfamilie zweitausend Kilometer entfernt sein.
>
> Der Schulalltag konnte mir nichts mehr anhaben. Es waren nur noch sechs Wochen bis zu den Sommerferien – nichts leichter, als das auszusitzen. Der Abschied von meinen Freundinnen war nicht ungetrübt, doch ich konnte sie mit dem einen oder anderen modischen Kleidungsstück, das ich ihnen freudig überließ, etwas trösten. Zuzi erbte den weißen Kunstpersianer, den wir mit einem der Pakete

aus Deutschland bekommen haben, und die schwarzen Lacklederstiefel meiner Schwester. Marianna bekam meine. Am Ende waren alle zufrieden, und wir mussten versprechen, ihnen aus der neuen Heimat Briefe zu schreiben.

»Du wirst mich bald vergessen haben«, prophezeite Zoltán. »bestimmt wirst du einen Deutschen heiraten« sagte er resigniert zum Abschied und hoffte darauf, ich würde ihm widersprechen. Ich überreichte ihm das silberne Armkettchen, mein Abschiedsgeschenk, und er bedankte sich mit einem langen, innigen Kuss. Dieser endete damit, dass wir aufeinanderlagen – im hohen Gras, am Ufer des Mieresch. Und obwohl ich mir diese Szene oft vorgestellt hatte, konnte ich sie jetzt nicht genießen. Etwas beunruhigte mich. Wir dürfen nicht weitermachen, sagte eine Stimme in mir, und diesmal fürchtete ich nicht Großvaters Strafen. Ich fürchtete, schwanger zu werden. Ob ich dann noch ausreisen könnte? Dableiben wollte ich auf gar keinen Fall.

»Wir werden uns schreiben« – hörte ich mich sagen, ernüchtert und löste mich aus seiner Umarmung. Es war das letzte Mal, dass wir uns sahen.

Bruchstückhaft ist meine Erinnerung an den allerletzten Tag – wie bunte Fetzen aus einer Illustrierten fügen sich die Teile zu einem Ganzen. Mein Blick haftet an dem Mädchen, das ihre Haare zu zwei langen Zöpfen geflochten trägt, dazu ein Dirndlkleid mit einer Schürze darüber, in Orange. Wie unpassend, sagt mein heutiger Geschmack. Auch der dunkle Stoff mit dem orangefarbenen Blumenmuster, aus dem das Kleid genäht ist, mit der dazugehörigen Schnürung über der Brust, scheint etwas veraltet, unmodern, wie die gesamte Erscheinung.

Ein wenig aus der Zeit gefallen …

Der zaghafte Blick aus den großen Augen unterstreicht die ungelenke Gestalt – sie ist noch ein Backfisch, würde der Großvater sagen, und doch auf bestem Wege, erwachsen zu werden. Gerade mal fünfzehneinhalb, und auf der Schwelle in ein neues Leben.

Es ist der 1. Juli 1976, und ich fiebere meinem allerersten Flug entgegen. Nur wenige Stunden trennen mich von meiner neuen Heimat, die ich nur vom Hörensagen kenne – von dem gelobten Land. Vater und Bruder erwarten uns dort seit einer halben Ewigkeit, genaugenommen seit zwei Jahren.

Alles scheint unwirklich, wie in einem Traum. Seitdem ich den blauen Umschlag geöffnet habe, mit der Bewilligung für unsere Ausreise, lebe ich in einem Niemandsland, zwischen Abschied und Neuanfang, doch ständig unter Strom. Bald beginnt ein neues Leben. Dort, wo mich niemand hänselt, wenn ich samstags aus der Schule fehle, weil samstags keine Schule sein wird.

Ich werde sein wie alle anderen.

Anstatt dem knielangen Faltenrock werde ich Jeans und Miniröcke tragen, die Haare offen, und ich werde mich schminken und nach feiner Seife duften. Bald werde ich dazugehören zu diesem Volk, das ich nur aus dem Modekatalog kenne. Sie alle tragen Schlaghosen und Lederröcke, große Sonnenbrillen, Lackstiefel und Plateau-Schuhe. Meine Wunschliste für später wird länger und länger.

Genaugenommen habe ich es Walter und Lotte zu verdanken, dass sie mir Einblick gewährt haben in diese Welt, die für mich so unerreichbar scheint. Auch ist der Otto-Katalog schuld daran, dass ich heute ein Dirndlkleid trage. Vati hatte sich damals beim Durchblättern in das eine oder andere Modell verliebt. Er hat sich für seine Mädchen immer ein Dirndl gewünscht. Nachdem er geflohen war, fuhren wir an mindestens drei aufeinanderfolgenden Sonntagen nach Neumarkt, wo eine Schneiderin Maß genommen hatte, und bis die Kleidungsstücke – ähnlich denen aus dem Katalog – fertig genäht waren, dauerte es mehrere Wochen. Vati zuliebe trage ich heute mein Dirndl, denn er soll sich freuen, wenn wir uns wiedersehen.

Zwei lange Jahre sind vergangen, seit wir uns zuletzt gesehen haben. Seither nur Briefe und knappe Telefonate, die todsicher abgehört wurden. Seine Pakete kamen fast immer aufgerissen und beschädigt bei uns an. Aber unsere Hoffnung war ungebrochen.

Jetzt stehe ich am Flughafen der Hauptstadt, zum ersten Mal in meinem Leben, und meine Gedanken kreisen um die Kotztüte, die man an Bord verteilen wird, wie ich gehört habe, und die ich hoffentlich nicht brauchen werde. Denn ich bin empfindlich, werde leicht seekrank. Nichts fürchte ich mehr wie Serpentinenfahren oder den Wellengang auf einem Boot. Dabei sollte ich eher die Menschen fürchten, die mich umgeben. Es heißt, dass manchen Auswanderern unmittelbar vor dem Abflug die Pässe abgenommen wurde, um in letzter Minute die Ausreise zu verweigern.

Nichts als Schikanen …

Doch damit ist jetzt Schluss! Einen ersten Triumph über den Feind konnte ich feiern, als ich kürzlich Bureta, meinem Mathe-Lehrer auf der Straße begegnet bin. Ach, tat das gut! »Bureta« – auf Rumänisch »Schwamm«, ein wenig schmeichelhafter Spitzname, den ihm die Schüler verpasst haben. Bei ihm hätte ich im Herbst die Nachprüfung in Mathe ablegen müssen. Vor Wochen wäre ich bei dieser Begegnung noch zusammengezuckt, aber diesmal jubelte ich innerlich. Am liebsten hätte ich ihm zugerufen – zugeschrien, dass wir uns nie wiedersehen, und wie froh ich darüber bin!

» ...denn ich habe die feste Überzeugung, dass früher oder später der rechtschaffene Mann belohnt, und der böse bestraft wird.«[10]

Monte Christo auf seinem Rachefeldzug – wieder fühle ich mich ihm nahe. Wir haben einiges gemeinsam, der Graf und ich. Beide haben wir unschuldig eingesessen, jahrelang.

»Die Kontrollen am Flughafen werden ungewöhnlich streng sein«, warnt uns der ministeriale Großonkel vor. Man muss auf alles gefasst sein. Er ist ein gemütlicher, fülliger Mann um die sechzig, bei dem wir die letzten Stunden vor unserer Abreise verbringen, lebt zusammen mit Großtante Susi im Diplomatenviertel von Bukarest. Die Villen dort werden rund um die Uhr per Kamera überwacht. Es gibt alkoholfreien Sekt und Kaviar zur Begrüßung, und dass die Zimmer kein Ende nehmen wollen, bestimmt zehn an der Zahl – das beeindruckt mich sehr.

Jetzt ist der Abschied zum Greifen nahe. Wir sitzen im Taxi zum Flughafen. Die Blumenrabatte der Parkanlagen von Bukarest ziehen an uns vorüber, ein letztes Mal, wie die Regierungsgebäude der Hauptstadt, in denen sich die eigentlichen Verbrecher befinden. Dessen ungeachtet, werden wir am Flughafen als solche behandelt. Ich bin 15, ein harmloses Mädchen mit zwei langen Zöpfen, dennoch werde ich von zwei Beamten, bewaffnet mit Maschinengewehren, zur Toilette eskortiert. Die Männer schieben Wache vor dem Eingang, bis ich zurückkehre. Anschließend folgen intensive Leibesvisitationen, glücklicherweise von einer Frau. Einer der 150 Sitzplätze der kleinen Lufthansamaschine gehört für zweieinhalb Stunden mir. Pipi an meiner Seite. Mutter sitzt neben unserem kleinen Bruder,

---

10 Dumas: Der Graf v. Monte Christo, S. 155

während wir uns erheben – über die Dächer der Stadt, über Flüsse und Berge hinweg. Hinauf, in den Himmel. Der grüne Teppich unter uns entfernt sich mehr und mehr … Wir schweben dahin, in einem grenzenlosen Meer aus Wattebäuschen.

Das Tosen der Motoren ist lauter, als ich dachte, ab und zu schaukelt und ruckelt es, aber ich habe keine Angst. Auch ist mir kein bisschen schlecht. Denn wir fliegen, mit der Erhabenheit der Zugvögel, unserer Freiheit entgegen.

»Das Meer war ruhig, eine frische Brise wehte von Südost. Dantes erklärte, alle könnten sich schlafen legen, er wolle das Steuer übernehmen. Aus der Einsamkeit unter die Menschen zurückgeworfen, empfand er von Zeit zu Zeit das dringende Bedürfnis, ganz allein zu sein; und wo ist die Einsamkeit unermesslicher und zugleich poetischer als auf einem Schiffe, das in der Dunkelheit der Nacht, in dem Schweigen der Unendlichkeit, dahingleitet?«[11]

11 Dumas: Der Graf v. Monte Christo, S. 138

Teil III

Darmstadt 1976 – 1978

Aus der Luft betrachtet ist kaum ein Unterschied zu erkennen. Rote Dachziegel gleichmäßig aneinandergereiht, die Dächer rücken eng zusammen, dazwischen blitzen handtuchgroße Rasenflächen auf, lassen auf Gärten hoffen mit vielen Blumen und Obstbäumen darin, stattdessen umrunden Thuja Hecken die Grundstücke, Gärten, denen die Farbe fehlt. Nichts für neugierige Blicke, denke ich, aber ansonsten ist alles wie bei uns.

Nur keine kopfsteingepflasterten Gehwege. Nur keine Straßen mit Schlaglöchern. Wie glattgebügelt – wie frisch gefegt liegt das einheitliche Grau ausgebreitet. Der Asphalt windet sich schlangenhaft um die Wohnviertel, um Kurven und Einmündungen herum, umringt Plätze mit Kirchen darauf oder andere, die als Parkplätze dienen.

Unten wuselt es wie im Ameisenhaufen: ein beflissenes Hin- und Her. Was die Menschen da unten wohl tun? Gehen ihrer Arbeit nach oder zur Schule, zur Universität? Die Ziele der Ameisen lässt sich nicht auszumachen. Volle Straßen. Übervoll. Anders als bei uns.

Nach der Landung verlassen wir den eisernen Vogel – verlassen das Getümmel am Frankfurter Flughafen. Vaters Augen leuchten vor Glück. Die Familie wieder vereint! Der Bruder lotst durch die Massen zum Parkplatz mit einem Siegerlächeln. Wiedersehenstränen. Freudentaumel. Erleichterung. Ihr wart nicht im ersten Flugzeug, wie erwartet, sagt er. Die Angst – bis zuletzt, unser ständiger Begleiter. Worte fehlen. Tränen dagegen im Überfluss.

Reklame und Wahlplakate fluten im Großformat das Hier und Jetzt, alle haben es eilig. Rolltreppen befördern Menschen und Gepäckstücke in Endlosschleifen irgendwohin – bloß weg. Auf der Autobahn – so nennt man hier mehrspurige Straßen, geht es zu wie in einem Aquarium. Flink und mit eleganten Ausweichmanövern strömen die Fische vorwärts, in einem endlosen Strom, unbekannten Zielen entgegen, die auf riesigen blauen Schildern angekündigt stehen.

Abziehbilder. Die Heckscheiben der Autos sind voll davon. Guck' mal, was dort steht, sagt der Bruder, und alle Blicke folgen seiner Kopfbewegung. »Jesus lebt!« – davon scheint der Fahrer des Wagens vor uns fest überzeugt. Ungewohnte Bekenntnisse an ungewöhnlichen Orten. Auf einer anderen Heckscheibe prangt in schwarzen Lettern »Atomkraft – nein danke!« vor gelbem Hintergrund, aber das sagt mir nichts.

Wasser. Die Hitze dieses Sommertages bringt die Luft zum Flirren. 30 Grad im Schatten, behauptet der Nachrichtensprecher. Kein Lüftchen regt sich. Die Fenster heruntergekurbelt, steuern wir in Vaters weinrotem Opel unserem neuen Zuhause entgegen. Nach Darmstadt. Darmstadt-Eberstadt, Eisenbachstraße 12. Einige Male hatte ich die Adresse schon auf Briefumschläge geschrieben, damals, in Reen.

Angekommen. Unsere Vermieterin, Frau Unverzagt, bewohnt das Erdgeschoss mit Mann und Sohn. Direkt darüber unsere Zweizimmerwohnung mit Küche und Bad. Zügig erfasst mein hungriger Blick die bescheidenen Quadratmeter, sauber und ordentlich, aber vollgestellt. Wie im Möbellager. Im Wohnzimmer hat der kleine Ölofen Geruchsmarken gesetzt, und in der Schrankwand, Eichenachbildung, haben sich inzwischen einige von Vaters Büchern eingenistet. Wie praktisch, stelle ich fest und inspiziere den Couchtisch, der sich im Handumdrehen zu einem Esstisch hochkurbeln lässt. Darauf türmen sich jetzt viele, unbekannte Lebensmittel. Vater hat eingedeckt – reichlich eingekauft. Schwarzbrot mit Camembert gibt es und Rindersalami, garantiert ohne Schwein. Die Sojawurst schmeckt ein wenig nach Plastik, die gekauften Brotaufstriche können mit denen von Mutter kaum mithalten. Dafür gibt es Kaba. Obstsäfte. Seltene Früchte, wie Mango und Bananen.

In der Küche leuchtet das Küchenbüffet in Rot-weiß, Vater hat es, wie er sagt, vor dem Sperrmüll gerettet, es erinnert in Form und Einteilung an unsere alte Küchenkredenz in Reen, in Grün – hält Erinnerungen wach.

Neues Zuhause – altes Zuhause. Zumindest was den Platz angeht, schneidet das Neue ungleich schlechter ab. Ein kleiner Balkon, kein Innenhof, kein Garten. Im Schlafzimmer das Ehebett der Eltern, von den Geschwistern aus der Gemeinde geschenkt, davor ein Klappbett für den Jüngsten und zu wenig Platz, um die Schranktüren zu öffnen. Ihr werdet im Wohnzimmer schlafen, verkündet Vater und meint uns Mädchen, aber auch der Bruder muss im Wohnzimmer auf einem Luftbett übernachten. Abends heißt es, Platz schaffen. Tisch und Stühle beiseite rücken, dann lässt sich unser Bett aufschlagen. Die mit braunem Feincord bezogene Schaumstoffmatratze hat einen Reißverschluss und lässt sich auf zweimal zwei Meter aufklappen. Tagsüber, mit ein paar Kissen darauf, bietet sie Sitzgelegenheit für uns alle – beim Fernsehen.

Ein Fernseher! Endlich besitzen wir einen. Früher mussten wir heimlich beim Nachbarn fernschauen. Jetzt gucken wir »Die Waltons«, eine Serie, an der sogar Mutter gefallen findet. Auch das ist, wie auch die Tatsache, einen Fernseher zu haben, neu. Vater guckt am liebsten Nachrichten, der große Bruder Bonanza.

Das ist nix für uns! – quengelt Mutter jedes Mal von Neuem, ihr leidender Gesichtsausdruck soll uns überzeugen, wie früher schon. Vergeblich. Ihre Worte verpuffen, wie auch der Missmut, den sie verbreitet. Neue Gewohnheiten haben sich eingebürgert. Schwer, sie zu durchbrechen. Kaum einer lässt sich von ihren Ermahnungen mehr beeindrucken, selbst Vater nicht. Wieder gibt es Streit, und es wird noch enger in der kleinen Wohnung, als es eh schon ist. Sechs Personen auf fünfzig Quadratmetern.

Vor der Haustür lärmen Mopedfahrer, eine Clique Halbwüchsiger aus dem Viertel trifft sich dort täglich, der Sohn der Vermieterin als Anführer. Motoren heulen auf, Reifen quietschen – gezielte Vollbremsungen. Die Jungs beäugen uns Mädchen, ihre Blicke nehmen genau Maß, sobald wir vor der Tür erscheinen. Wir, die neuen Mieter, werden wie Fremdkörper taxiert, Blicke kreuzen sich, doch außer einem »Hallo« werden keine Worte gewechselt.

Eines Abends gehen wir zum ersten Mal in ein Restaurant. Bei »Nico«, heißt die Pizzeria. Der Kellner bringt einen riesigen Fladen, belegt mit Pilzen, Tomaten und Zwiebeln. Groß wie ein Wagenrad dampft die Pizza auf meinem Teller. Bestimmt hat sich der Kellner geirrt, die Portion ist nicht für mich allein. Doch schon bald hat jeder von uns eine ganze Pizza auf seinem Teller.

So manches ist hier anders. Die Freundlichkeiten. Überall trifft man auf lächelnde Menschen – auf hilfsbereite. Und dennoch hält ein Lächeln nicht immer, was es verspricht. Andere Erwartungen, portionierte Höflichkeiten. Keine Besuche ohne Absprachen. Einladungen werden ausgesprochen und im Terminkalender festgehalten. Anders, als bei uns. Hat es an der Tür geklopft, war der Besuch da. Hier trifft man sich mit Blick auf die Uhr und tauscht Förmlichkeiten aus. Doch ein Zuviel der guten Sitten ist auch unerwünscht. Möchtest du einen Nachschlag haben? – lautet die Frage bei Tisch. Doch wer sich geniert, höflich ablehnt, bleibt hungrig, erklärt der Bruder, dem es schon öfter passiert ist, dass er – unter Einhaltung guter Manieren hungrig nach Hause ging. Anders als bei uns. Hier wird die Frage nur einmal gestellt, und selten wiederholt. Ernüchternde Wirklichkeiten.

Nach der ersten Nacht im neuen Zuhause, nach der ersten Pizza im Restaurant, nach dem ersten Rundgang zum nahe gelegenen Spielplatz und dem kleinen Kiefernwäldchen – sein harziger Duft wird für immer verknüpft sein mit der Zeit in der Eisenbachstraße, nachdem wir unser Wohnviertel für uns erobert haben, die hübschen Reihenhäuser begutachtet und gleichzeitig die Leute darin bedauert haben (so viel Betonplatten vor dem Haus und wenig Grün), und nachdem wir versucht haben, hinter das Geheimnis meterlanger Thuja Hecken zu kommen, erleben wir weitere Enttäuschungen, nämlich handtuchgroße Gärten und kleine Terrassen, die unsere Blicke erhaschen, mit einer Hollywoodschaukel darauf, ein Zeichen von Wohlstand, wie auch die vermeintlich schicken Bungalows der Umgebung. So nennen die Reichen ihre Häuser mit dem flachen Dach, nichts als trostlose graue Würfel, die sich schwerfällig im vergilbten Grün niedergelassen haben, während Rasensprenger, die scheinbar einzig Anwesenden, mit ihren Wasserfontänen im Dauereinsatz gegen die Hitze ankämpfen. Die Luft ist geschwängert von Kaffeeduft, und die Trägheit des Sonntagnachmittages findet einen Höhepunkt bei Erdbeerkuchen auf der betonierten Terrasse.

Die Baumkronen spiegelten sich in der glattpolierten Motorhaube, ließen den dunkelroten Opel der jetzt einer kurvigen Straße bergauf folgte, in einem einheitlichen Grün versinken. Wie ein Empfangskomitee – dachte sie, ein Torbogen folgte dem anderen, gebildet aus Zweigen, die sich von links und rechts über die Straße neigten. Nur wenig Himmelblau blitzte dazwischen auf, so dass sie glaubte, sie hätten die Stadt längst verlassen und befänden sich tief im Wald. Dabei waren sie mittendrin, mitten in der Stadt. Die Schule befindet sich auf einer Anhöhe, erklärte der Vater.

»Ihr werdet nach dem Sommer *Auf der Marienhöhe* zur Schule gehen«, verkündete er stolz, denn die Privatschule, die ihrer Glaubensgemeinschaft gehörte, besaß einen guten Ruf in der Umgebung.

»Alle Leute, die etwas auf sich halten, schicken ihre Kinder auf diese Schule«, fügte der Bruder stolz hinzu, inzwischen war er dort eingeschrieben, an der theologischen Fakultät, und dass auch seine Schwestern die einzigartige Chance bekämen, ein christliches Gymnasium zu besuchen, war den Eltern schon in der alten Heimat ein Anliegen. Doch jetzt ging es um die Anmeldung. Um Formalitäten. Eine Stunde Unterricht schnuppern.

Allein bei dem Gedanken, ihre neue Schulklasse kennenzulernen, stieg Schamesröte in ihr Gesicht, das passierte ihr häufiger in letzter Zeit, doch jetzt steigerte eine seltsame Mischung aus Neugier und Angst ihre Nervosität ins Unermessliche.

»Bruder Henning ist ein sehr netter Mann«, sagte der Vater mit Blick auf den Beifahrersitz, wo das Mädchen Platz genommen hatte, und meinte den Schulleiter, der sie in Kürze zur Schulanmeldung empfangen würde.

Christine trug – was sonst – ihre erste Jeanshose. Eine echte Wrangler stonewashed! Das durfte sie sich von ihrem Bruder wünschen, ein neues Kleidungsstück. Sie fand, demnächst sei eine passende Jeansjacke dazu fällig, aber dafür müsste sie noch eine ganze Weile sparen. Die naturweiße Baumwollbluse im Knitterlook mit den Fledermausärmeln, die sie zu der Jeans trug, war angenehm luftig bei der Hitze; sie wurde hinten mit einer Schleife zusammengehalten. Und mit der neuen Frisur, dem frechen Pony zu den schulterlangen Haaren, fühlte sie sich wohl in ihrer Haut, und gar nicht mehr fremd.

Eine Limousine erweckte ihre Aufmerksamkeit. Lang und behäbig fuhr sie im Schneckentempo vor ihnen her, dann bog sie nach links auf ein Gelände ein, das von uniformierten Soldaten mit Gewehren bewacht wurde, eine Art Militärgelände. Das sind die Amerikaner, wusste der Bruder, sie sind seit dem letzten Krieg in Deutschland stationiert, zum Schutz der Bevölkerung und der Freiheit, und zum ersten Mal gefielen ihr die menschlichen Gestalten in Uniform, von denen keinerlei Bedrohung ausging, wie es ihr schien.

Danach ging es noch ein kurzes Stück durch den Wald, bis die ersten Schulgebäude zwischen den Bäumen auftauchten und der Vater nach einem Parkplatz Ausschau hielt. In dem eckigen Kasten mit dem grünen Teppichboden und den braunen Sitzelementen, der eine umlaufende Empore im ersten Stock und viele Türen besaß, war die Luft stickig. Einzig die Grünpflanzen schienen zu überleben – zu gedeihen. Die großen Dachfenster waren schuld daran, Licht und Wärme im Übermaß, und als endlich eine Tür aufging und das Warten ein Ende hatte, eilte ein Mann in braunem Anzug auf sie zu, Bruder Henning und sein Dauerlächeln, es wirkte ehrlich und doch eingeübt, wie das darauffolgende Händeschütteln und die Frage nach dem Wohlergehen der Familie. Es folgte eine Führung über das Schulgelände, beginnend mit dem Haupthaus, das im Erdgeschoss die Aula und im ersten Stock die Zimmer des Mädcheninternats beherbergte, deren Fenster zur weitläufigen Aulawiese blickten. Dahinter befand sich das Jungeninternat. Auf der rechten Seite wurde die Wiese von einem langgezogenen Gebäude gesäumt, es war das Unterrichtsgebäude mit den Klassenzimmern, wo sich auch ihre Klasse befand – die 10a. Vor Aufregung über den bevorstehenden Schnupperunterricht bekam das Mädchen kaum noch mit, was Bruder Henning über die Kantine und die Essenszeiten sagte, ihr Kopf war vernebelt von all den Bildern und Aussagen, nur dass die riesige Turnhalle an Samstagen für den Gottesdienst herhalten müsste, blieb in ihrem Gedächtnis hängen – das fand sie befremdlich. Sie stellte sich vor, wie der Vater dort seine Predigt halten würde, fand die Vorstellung etwas schräg. Ein Pult, mit dem Prediger, zwischen all den Turngeräten und Bällen …

Unwillkürlich tauchten Bilder auf, von der alten Heimat und den Gottesdiensten, von diesem anderen Leben, das noch unlängst ihr eigenes war, und sie spürte ein Unwohlsein, das sie sich nicht recht erklären konnte. Sie hatten doch ihr Ziel erreicht, oder etwa nicht?

Die Schüler in ihrer neuen Klasse waren alle freundlich, auch der Lehrer empfing sie mit dem gleichen Dauerlächeln und Händeschütteln, das sie bereits von der Begegnung mit Bruder Henning kannte, doch der Unterricht, mit samt der Inhalte, rauschte an ihr vorüber – durch sie hindurch. Zu viele neue Gesichter, Namen, Eindrücke.

Micky. Micky war die Einzige, die sofort und ohne zu zögern daran interessiert war, das Mädchen kennenzulernen. Eigentlich hieß sie Renate, und ihr Spitzname – ein seltener Zufall wollte es so – sollte sie an ihren Sandkastenfreund erinnern. Wieder spürte sie den Stachel bohren. Fühlte sich erinnert an vergangene Zeiten, vernahm das Gurren der Tauben, war wieder am Kirchplatz, drehte mit Mikis Dreirad ihre Runden.

Auch mit der neuen Micky war es Freundschaft auf den ersten Blick.

»Komm', ich zeig dir mein Zimmer!« Hinter der Brille mit dem dünnen Drahtgestell blitzten zwei pfiffige Augen hervor, eine Mischung aus Neugier und Tatendrang, und das Mädchen folgte ihr.

Es war ein Dreierzimmer, am Ende des Korridors im ersten Stock, geräumig und in L-Form geschnitten. Jede der Bewohnerinnen hatte ein Bett, einen Kleiderschrank und einen Schreibtisch zur Verfügung. Die Möbel waren weiß, schlicht und zweckmäßig, und nur der grüne Teppichboden und die senfgelben Vorhänge gaben dem Raum etwas Farbe, ansonsten ließen sich die kalkweißen Wände mit Postern und Fotos behängen.

Das Meer bei Sonnenuntergang, mit einem einsamen Segelboot darauf. Das Poster, das über Mickys Bett hing, hatte sie gefangen genommen – fasziniert. Das Bild – wie eine Formel für ihr neues Lebensgefühl: Freiheit und endlose Weite.

»I am sailing« – vernahm sie in ihrem Inneren die Stimme Rod Stewarts, dazu die Gitarrenklänge, die sie aus dem Radio kannte. So fühlte sie sich, wie dieses Segelboot. Umgeben von grenzenloser Weite, von unendlichen Möglichkeiten. Glücklich, aber auch voller Unsicherheiten. In unbekannten Gewässern dahingleitend, in einem endlosen Meer.

Ende August, als das neue Schuljahr begann, befand sie sich in der 10. Klasse des Gymnasiums »Auf der Marienhöhe« gemeinsam mit Micky, ihrer neuen Freundin. Nur, dass diese im Internat wohnte, während sie tagtäglich zur Schule gefahren wurde.

Dass ihr mir keine Schande macht! – rief ihnen die Mutter hinterher, bevor sie morgens das Haus verließen, doch die altbekannten Drohgebärden hatten an Kraft verloren. Sie und ihre Schwester hatten sich mit Frisur und Kleidung der gängigen Mode angepasst, was die Mutter billigend in Kauf nahm. Denn in der neuen Heimat hatte sie wenig Unterstützung, kaum Gleichgesinnte, die ihren Fanatismus teilten. Und jetzt, wo die Schuluniform für immer passé war, wollte sich niemand für dunkelblaue Faltenröcke oder für feierliche Sabbatkleidung interessieren, wie die Mutter das gerne gehabt hätte. Sich modern zu kleiden, gehörte einfach dazu, auch für die gläubigen Christen. In jedem Gottesdienst konnte man sich von Neuem davon überzeugen. Jeder trug die Kleidung, in der er sich wohl fühlte, und wenn es die ausgebeulte Jeanshose war. Blue-Jeans waren generell angesagt, ein ausrangiertes Herrenhemd darüber war groß in Mode. Sie hatte ihren Vater um solche gebeten und er hatte ihr einige überlassen, mit Verschleißspuren am Kragen. Jetzt unterschied sie sich kaum noch von den anderen, zumindest äußerlich.

Der Schein trügte. Innerlich spürte sie eine riesige Kluft zwischen sich und den anderen. Ihre Mitschüler – wie selbstbewusst sie doch alle waren! Zu allem hatten sie eine Meinung, waren kritisch, konnten sich und ihre Ansichten verteidigen. Hemmungslos, gelegentlich sogar als respektlos empfand sie den Ton, wie hierzulande Schüler mit ihren Lehrern sprachen.

Und sie? Sie selbst hatte keine eigene Meinung, so kam es ihr vor. Zumindest nicht sofort und nicht zu allem. Viel Neues, was ihr zu schaffen machte … Menschen und Dinge, die sie noch genauer betrachten wollte, bevor sie ihnen Vertrauen schenken würde. Diese Flut an Eindrücken – sie drohte zu ertrinken. Es kostete sie viel Kraft, ihr Boot über Wasser zu halten.

Mickys Zimmer strahlte Gemütlichkeit aus. Es passte zu ihrem offenen, herzlichen Wesen. Der weiße Flokati Teppich vor dem Bett, der Setzkasten an der Wand, in dem Schlümpfe und andere Nippes im Miniaturformat Platz genommen haben – all das schien modern zu sein. Allen voran Poster mit Fotomotiven von David Hamilton. Einsame Gestalten in einer Landschaft, wie durch einen Nebelschleier aufgenommen. Mickys Zimmernachbarin hatte ein solches Poster über ihrem Bett hängen. Es zeigte ein Mädchen mit langen Haaren an einem Steg sitzend, während ihr verträumter Blick in die Ferne glitt.

Es gab noch anderes für sie zu entdecken: Micky liebte die Peanuts. Ihre Vorliebe für die Helden der amerikanischen Cartoon Serie war kaum zu übersehen. Ihre Schulsachen regelrecht übersät mit Abziehbildern und den dazugehörigen Sprechblasen, eine Fülle an Lebensweisheiten, die auch ihr gefielen.

»Eines Tages werden wir alle sterben, Snoopy« – unkte Charlie Brown.

»Ja, das stimmt. Aber an allen anderen Tagen nicht«, gab sein treuer Freund zum Besten.

Snoopy. Der niedliche Vierbeiner mit den schwarzen Schlappohren hatte auch ihr Herz erobert, wie auch die übrigen Peanuts, vor allem Charlie Brown.

»Pure Vernunft darf niemals siegen«, behauptete der ewige Verlierer, ein Satz, den sie sich als Lebensmotto merken wollte. Während Micky sogar dazu überging, in Zitaten zu sprechen. Tätschelte das

Mädchen, wenn es etwas nicht gleich kapierte. »Ach, Charlie Brown, du Holzkopf!« – rügte sie ihre neue Freundin liebevoll, was aber der Freundschaft keinen Abbruch tat.

Ganz anders erlebte sie A., ein anderes Mädchen aus ihrer Klasse, das meist sehr direkt und für ihren Geschmack fast unhöflich, ja gar verletzend sein konnte. Unentwegt hatte sie etwas anderes an ihr auszusetzen, machte abschätzende Bemerkungen. Unvorstellbar! So ein Verhalten war ihr fremd. Zuhause, in der alten Heimat galt Höflichkeit als oberstes Gebot. Ganz gleich, was man über jemanden dachte. Die eigene Meinung direkt und unverblümt dem anderen ins Gesicht sagen, war tabu.

»Never give up, Charlie Brown!«, eilte ihr Micky tröstend zu Hilfe. Sie kannte A. seit frühester Kindheit.

»A. meint es nicht so. Glaub mir! Sie hat dich nur veräppelt.«

Veräppelt? Was hatte das schon wieder zu bedeuten? Nicht genug, dass sie sich Wörter wie »dufte« und »toll« aus den Zusammenhängen herausklauben musste. Sie musste lernen, die Bedeutung des Gesagten zu verstehen, um es dann ins eigene Vokabular zu übernehmen. Am meisten fürchtete sie, aus der Reihe zu fallen. Ihr rollendes »R« war ohnehin verräterisch, schnell war sie mitsamt ihrer fremdländischen Herkunft entlarvt, sobald sie zu sprechen begann. Aber dann fiel ihr prompt der Großvater ein, red', wie dir der Schnabel gewachsen ist, pflegte er in solchen Situationen zu sagen, und ihre Unruhe legte sich.

Doch an diesen ruppigen, frechen Umgangston konnte und wollte sie sich nicht gewöhnen.

Veräppelt …

Wie auch immer sie das hier nannten – in solchen Momenten fühlte sie sich schlichtweg gedemütigt. Provozierende, abwertende Bemerkungen wie von dieser Schulkollegin – das gehörte sich nicht. Von nun an wollte sie A., die mit ihrer spröden Art auch bei anderen angeeckt war, nur noch aus dem Weg gehen.

Doch zu ihrer eigenen Überraschung, keimte so etwas wie Interesse, ja sogar ein Hauch Bewunderung für ihre Mitschülerin, sobald sich ihre erste Empörung gelegt hatte. A. war so anders, geradeheraus und selbstbewusst. Und der Humor der Peanuts half auch dieses Mal.

»Ein Küsschen am Morgen vertreibt Kummer und Sorgen« – wusste Snoopy, echote Micky, und schon war der Ärger verflogen. Die Peanuts wussten Rat, in allen Lebenslagen. Manchmal auch in Herzensangelegenheiten.

»Liebe ist, nicht zu nörgeln« lehrte Schröder seine Freundin Lucy, der tagein tagaus auf seinem Piano zu klimpern schien, und sie musste prompt an ihre Eltern denken. Wie treffend! Diesen klugen Satz wollte sie sich unbedingt aufheben – merken. Auf der Stelle wollte sie die Botschaft ihrer Mutter überbringen. In letzter Zeit waren ihre Eltern häufig missgelaunt, wenn sie von der Schule nachhause kam, und das ohne erkennbaren Grund.

> Die Ehe unserer Eltern war auf dem Prüfstand. Seit Jahren kränkelte sie dahin wie ein bettlägeriger Greis, schon in der alten Heimat, und so sehr alle auf einen Neuanfang setzten – die zweijährige Trennung hatte die Kluft zwischen ihnen nur noch vertieft. Trotz Wiedersehensfreude und guter Vorsätze war diese kaum zu überbrücken.
>
> Vater hatte während der Trennungszeit eine Geliebte. Zwar hatte er inzwischen die Beziehung beendet, wie er Mutter gegenüber beteuert hat, doch Mutter war abwechselnd gekränkt, verzweifelt, wütend und eifersüchtig, und inzwischen aus gutem Grund.
>
> Als ich von der Affäre erfuhr, hatte ich gemischte Gefühle. Ich fand es nur folgerichtig, dass es so kommen musste – so, wie Mutter es immer befürchtet hatte. Dass Vater ihre Frömmlereien, ihre Strenge und Launenhaftigkeit, vor allem aber ihre Streitsucht eines Tages satthätte, war zu erwarten. Und dann konnte alles Mögliche passieren.
>
> Ich kannte seinen Leidensweg. Ich hatte über all die Jahre miterlebt, wie es ihm erging, ich konnte nachempfinden,

wonach er sich sehnte. Also gönnte ich ihm sein Glück. Andererseits tat Mutter mir leid, denn sie litt nicht nur unter seinem Fehltritt. Sie hatte alles in der Heimat zurückgelassen, ihren alten Vater – das Elternhaus, ihre Herkunftsfamilie, alles für ihn und für uns Kinder. Vater, der mit 46 Jahren im besten Mannesalter war, fehlte der Beruf oder eine echte Aufgabe. Dass er noch einmal im Predigtamt eingesetzt werden würde, schien zu diesem Zeitpunkt unwahrscheinlich, denn auch im demokratischen Deutschland wurde ein Geflohener zunächst kritisch beäugt, selbst innerhalb der eigenen Glaubensgemeinschaft. Und weil sein Deutsch zu wünschen übrig ließ, erhielt er wenig Beachtung. Bei der Umschulung zum Bürokaufmann, die er einige Zeit vor unserer Ankunft begonnen hatte, war er nur halbherzig dabei. Er litt sehr unter dem Verlust seines Berufes als Pastor, was er als Berufung sah, auch wenn er kaum darüber sprach. Schließlich auch unter seiner Anonymität. Während er in Siebenbürgen der umjubelte, geachtete Geistliche gewesen war, galt er in der neuen Heimat als ein Fremder – ein Niemand.

Alles auf Anfang.

In Sommer 1976 trugen die Mädchen bodenlange karierte Wickelröcke zu eng anliegenden T-Shirts, dazu Clogs. Es klapperte unentwegt in den Gängen, nur in den Pausen wurde das Klappern weniger. Dann saßen sie alle auf der halbhohen Mauer, die die Aulawiese säumte, ließen die Beine baumeln, hingen ihren Gedanken nach oder diskutierten über dieses und jenes. Auch sie hatte sich Clogs zugelegt, obwohl sie diese Schuhe nicht sehr bequem fand, weil sie immerzu stehenbleiben und die winzigen Kieselsteine herausfischen musste, die bis zu ihren Zehen vorgedrungen waren. Der Schotterweg, der die Aulawiese in einem großen Viereck umrundete, war voll davon. Mit jedem Schritt vernahm sie den

Widerhall ihrer Holzsohlen. Horchte auf. Tempo und Lautstärke zu bestimmen, das Klappern nach Lust und Laune steuern – das bereitete ihr Vergnügen. Neuer Rhythmus auf neuen Wegen …

Sie lief zum Hauptgebäude. Die riesige Who-is-Who-Tafel im Gang vor der Aula zog sie an wie ein Magnet. Selten, dass sie daran vorbeigehen konnte, ohne stehenzubleiben. Wen hatte sie persönlich gekannt, und wen noch nicht? Alle Schüler der Marienhöhe – ob Stadt- oder Internatsschüler, waren dort mit Foto zu sehen. Darunter stand Name, Schulklasse und Herkunftsort. Die Schüler kamen aus allen Regionen der Bundesrepublik, vor allem die, die im Internat wohnten. Sie selbst war Stadtschülerin. Und B., der ihr so gut gefiel, besuchte die theologische Fakultät, wie ihr großer Bruder. Nach seinem Foto fahndete sie als Erstes. Hier, vor der großen Tafel mit den zahlreichen Bildern konnte sie ihn ausgiebig bewundern, ohne aufzufallen. Seine strahlend blauen Augen, dazu der kaffeebraune Teint – er hätte gut und gerne einen Südländer abgeben können, dachte sie und stellte überrascht fest: Er kam aus Hamburg. Die dichten schwarzen Haare trug er kurzgeschnitten nach hinten gekämmt, und wenn er lachte, blitzten weiße Zähne zwischen den vollen Lippen hervor. Ein sonniges Lachen, an dem sie sich nicht sattsehen konnte. Auch nicht an dem Leuchten dieser Augen, die sich zu zwei Halbmonden krümmten, wenn er lächelte, und dabei lustige Grübchen seine Mundwinkel umtanzten.

Zoltán …

An ihren Freund, den sie zurückgelassen hatte, dachte sie nur noch selten. Ein einziges Mal bekam sie einen Brief von ihm. Sie war jetzt die Freundin im Westen, zu der man unbedingt Kontakt halten sollte – so kam es ihr vor. Es könnte das Tor zur Freiheit bedeuten.

»Du wirst mich vergessen«, hatte er bei ihrem letzten Date prophezeit, und jetzt spürte sie den Wahrheitsgehalt seiner Worte, wie alles verblasste. Wie sein Bild allmählich zu einer traurigen Erinnerung verkam, zu einem Gespenst, der sie gelegentlich aus dem Totenreich heimsuchte. Aus diesem anderen Leben, das sie für immer begraben glaubte. Dem sie mit allerletzten Kräften entronnen war.

Wenn allerdings dieser B. das Gelände betrat, wenn er völlig unerwartet um die Ecke bog, machte ihr Herz einen Satz. Abends, kurz vor sieben – das fand sie schnell heraus, kam er tagtäglich mit seiner Gitarre unterm Arm geklemmt aus dem Jungenwohnheim übers Gelände gehastet, um an der Abendandacht teilzunehmen. Die Aula war unter der Woche brechend voll, denn an der Abendandacht teilzunehmen, war ein ungeschriebenes Gesetz. Während der Versammlung konnte sie noch etwas anderes beobachten: Mit ihrer Schwärmerei für den attraktiven Hamburger war sie nicht allein. Sie war nur eine von vielen Schülerinnen, die sich um ihn scharten. Eine Tatsache, mit der sie sich besser abfinden sollte, sagte sie sich, und hörte die Stimme ihrer Mutter, die sie gebetsmühlenartig bei jeder Gelegenheit in Sachen Männer ermahnte:

»Drum prüfe, wer sich ewig bindet, ob auch das Herz zum Herzen findet.
Der Wahn ist kurz, die Reue lang!«

Als wollte sie Unheil von ihren Töchtern abwenden, zitierte die Mutter jedes Mal Schillers Vers in weinerlichem Ton. Immer, wenn sie davon Wind bekam, dass eine ihrer Töchter dabei war, sich zu verlieben.

In letzter Zeit hörte sie die mahnenden Sätze noch häufiger als sonst. Beinahe, als führte die Mutter Selbstgespräche, sich grämend und in Selbstvorwürfen zerfleischend bei dem Versuch, ihr eigenes Scheitern zu begreifen. Ihre schlimmsten Befürchtungen waren Wirklichkeit geworden. Sie stand am Abgrund ihrer Ehe. Nichts schien ihr dringender, als ihre Mädchen davor zu warnen.

Die Zwistigkeiten der Eltern waren das eine. Sie belasteten das Familienleben weiterhin, und so empfand sie ihren Schulalltag als angenehmen Ausgleich, und die Schule plätscherte vor sich hin. Nicht, dass sie die Berge an Hausaufgaben von früher vermisst hätte! Dennoch fehlte ihr etwas Strenge, etwas mehr Ordnung – Grenzen. Als Teenager hatte sie es schnell raus: In diesem Land gab es kein Muss. Man *sollte* einen bestimmten Text bis zur nächsten

Stunde gelesen haben, was eher wie eine Empfehlung klang, und nicht wie echte Hausaufgaben, wie sie es von früher kannte. Mit der Pflicht nahmen es selbst die Lehrer nicht allzu ernst. Sie wurde nie beschimpft, stets blieben ihre Lehrer höflich und freundlich, und wenn einer der Schüler unvorbereitet im Unterricht saß, gab es höchstens schlechte Noten.

Eine unsichtbare, große Last fiel von ihr ab, und sie ließ sich treiben. Im Unterricht schweiften ihre Gedanken ab, die alte Gewohnheit kehrte zurück, und sie träumte mit offenen Augen. Doch sobald eine Klausur angekündigt war, wachte sie auf. Rüstete sich wie ein Sprinter für den Endspurt, indem sie sich morgens den Wecker auf fünf Uhr stellte. Dann fütterte sie ihr Gedächtnis bis zur letzten Minute mit dem Lehrstoff. Kernsätze markierte sie farblich und las sich diese laut vor, um sich so viel wie möglich in kurzer Zeit merken zu können. Und ihr war es durchaus bewusst, dass sie bald nach der Klausur alles wieder vergessen würde. Doch das war es ihr Wert – die schöne Zeit, in der sie mit ihren Freundinnen übers Gelände tingelte, sich amüsierte. Was könnte ihr schon passieren!

»Dein albernes Gekicher ist schon von Weitem zu hören« – rügte der Bruder sie mit ungewohnter Strenge, und dass er sich für seine kleine Schwester schämte, war ihm deutlich anzusehen. Sie wollte es gar nicht leugnen: Sie hatte die Schule schon lange satt. Warum sollte sie jetzt ihre neu gewonnene Freiheit nicht genießen? Wann, wenn nicht jetzt? Sicher, auch im Internatsleben gab es Wachposten, dennoch fühlte sie, sie konnte allmählich selbst über ihr Leben bestimmen.

Nur den Unterricht schwänzen – das traute sie sich nicht. »Schwänzen«, lehrte Micky, »bedeutet, nicht zur Schule zu gehen.« Man könne sich für einen Fehltag selbst die Entschuldigung schreiben. Das würden alle so machen.

»Wenn ich mal keinen Bock habe, bleibe ich auf meinem Zimmer« – Micky wirkte dabei recht entspannt.

Das klang ziemlich verlockend, doch würde nicht früher oder später eine Strafe folgen? – mutmaßte sie. Wenn sie wieder einmal, wie so oft, ihre heftigen Periodenschmerzen bekam, würde auch sie von der selbst geschriebenen Entschuldigung Gebrauch machen, nahm sie sich vor. Diese Bauchkrämpfe, alle vier Wochen! Sie wand sich vor Schmerzen, lag im Bett, wickelte das Laken fest um ihren Körper und rollte hin und her, als könnte das ihr Elend lindern; doch nichts half. Sie musste es schlichtweg ertragen. So hieß es, so sagten es die anderen. Zwei Tage hielten die Krämpfe an, sie kamen zuverlässig und gepaart mit Übelkeit und Kreislaufschwäche, so dass das Mädchen am Unterricht nicht teilnehmen konnte. Dunkle Ringe verschatteten ihre Augen.

»Bis du heiratest, wird es schon vergehen!« – winkte die Mutter jedes Mal ab. Und weil die Monatsblutung etwas Natürliches sei, etwas, das man erdulden muss, kamen Schmerzmittel gar nicht in Frage.

Mit dem Frausein hatte sich die Mutter seit je her schwergetan. Die Geburten ihrer Kinder – was für ein qualvolles Ereignis! Immer wieder berichtete sie davon, dramatisierte alles. Man sei dem Tod näher als dem Leben, mit einem Fuß im Grab! Und wie das Leben mit einem Säugling weiterging, davon hatte sie sich selbst ein Bild machen können. Die ersten Wochen und Monate mit ihrem neugeborenen Bruder damals, zu ihrer Einschulung, hatte sie noch lebhaft vor Augen. Hektik, zu wenig Schlaf, ein schreiendes Kind, das nur schwer zu beruhigen war. Was könnte furchtbarer sein, als eines Tages selbst schwanger zu werden. Dann würde das Martyrium von vorne beginnen, mit ihr in der Hauptrolle. Ihr blieb nur die Hoffnung, möglichst lange vom Kinderkriegen verschont zu bleiben.

»Yesterday. All my troubles seemed so far away …« Die Beatles waren täglich im Radio zu hören. Diesmal sangen sie ihr aus dem Herzen, während sich der weinrote Opel – wie jeden anderen Morgen – den Berg hinauf schlängelte, vorbei an der Ami-Kaserne, hinauf zur Marienhöhe. Ihr Schulweg war bequemer denn je, mit dem Vater als Chauffeur. Sie genoss den unerwarteten Luxus. Denn als Mädchen allein den Wald zu durchqueren, war wenig ratsam, selbst am helllichten Tag, hieß es. In der neuen Heimat lauerten andere Gefahren.

Hitzefrei!

Der Spätsommertag mitten im September ließ die Temperatur noch einmal in die Höhe klettern, so dass gegen 12 Uhr die Dreißiggradmarke erreicht war.

»Die letzten beiden Schulstunden fallen aus«, verkündete der Chemielehrer am Ende des Unterrichts.

Mathe und Sport! – sie könnte Luftsprünge machen vor Freude. Mathe war ihr seit jeher verhasst. Und Sport – na, da hat sie den Schwimmlehrer neulich an den Rand der Verzweiflung gebracht, mit ihrer Angst vor der Tiefe, vor Wasser überhaupt. Eigentlich war es eine Ehre, Herrn Klinge, den ehemaligen Schwimmweltmeister als Lehrer zu haben, der es offenbar als seinen ganz persönlichen Auftrag betrachtete, ihr das Schwimmen beizubringen. Wie viel Mühe und Geduld er darauf verwendete, ihr Vertrauen zu gewinnen!

»Du holst tief Luft, und dann tauchst du deinen Kopf unter Wasser – ganz einfach. Glaub mir – es passiert dir nichts! Ich stehe hier, direkt neben dir.«

Alle Bemühungen – vergebens. Jeder Versuch scheiterte im Ansatz. Jede Faser ihres Körpers verweigerte den Gehorsam, bei dem Versuch, sich dem Wasser hinzugeben. Ihre Glieder wurden hölzern – stocksteif. Schwimmen lernen, eine Herkulesaufgabe. Eine gigantische Überwindung. Wie Fallschirmspringen. Wie dem Tod in die Augen sehen. Noch dazu freiwillig.

Würde sie jemals schwimmen lernen? Mit diesen Bildern im Kopf, vom Ertrinken in sibirischer Kälte, auf einem Floß …

Von klein auf hatte sie die Geschichten der Mutter gehört und verinnerlicht, die Angst hatte tiefe Wurzeln geschlagen. Eine Schlingpflanze mit endlos vielen Trieben, die wucherte, die sie gefangen hielt. Kaum jemand könnte sie aus diesem Klammergriff befreien. Kein Schwimmlehrer und auch sonst niemand.

Mit dem Versagen im Schwimmunterricht hatte sie sich arrangiert. Sie konnte nicht anders. Sie nahm ihr Scheitern in Kauf und damit die Blamage, wegen ihrer Verweigerung bei ihren Mitschülern Kopfschütteln zu ernten.

Dennoch – und dieser Widerspruch schien ihr selbst unbegreiflich: Sie hielt sich gerne an Gewässern auf. Ja, sie ging, wie alle anderen auch bei heißen Temperaturen zum Baden. Aber es war nichts weiter als ein Plantschen und Abkühlen im Nassen. Man tat eben, was alle taten, sie hoffte, irgendwann ihre Angst vor der Tiefe überwinden zu können und schwimmen lernen. Vielleicht … Ein zarter Keim der Hoffnung.

Nun wurde sie von polternden Stühlen aus ihren Gedanken gerissen. Sie sah, wie ihre Mitschüler eifrig die Stühle hochstellten, alle hatten es auf einmal eilig. Alles drängte nach draußen, in die Wärme des Altweibersommers.

Sie dachte daran, dass der Vater sie gegen zwei Uhr abholen wollte. Sollte sie etwa die Freistunden mit Herumsitzen erschlagen?

Als hätte er ihre Gedanken erraten, kam M., einer ihrer Klassenkameraden auf sie zu.

»Magst du mitfahren?« – fragte er freundlich und hielt ihr einen Sturzhelm hin. Das würde ihre erste Mopedfahrt werden, schoss es ihr durch den Kopf, während sie zu der schlaksigen Gestalt aufblickte. Lange Beine steckten in Jeans und Cowboy-Stiefeln, ein weißes T-Shirt leuchtete unter der blauen Jeansjacke hervor. Er wirkte aufgeräumt, nur die blonden Haare widerstrebten, kräuselten sich im Nacken zu kleinen Locken.

»Ich wohne in Pfungstadt« kam als weitere Erklärung, und was seinen Worten Nachdruck verlieh, war der ehrliche Blick aus blauen Augen. »Eberstadt liegt auf meiner Strecke – ich kann dich bis vor die Haustür fahren«, versicherte M. ritterlich. Nun hatte er sie endgültig überzeugt.

Sie grinste in sich hinein. Die werden Augen machen! Sie dachte an den Nachbarjungen und seine Motorradclique, sah ihre verdutzten Gesichter vor sich, die Szene, wenn sie später vom Moped stieg, elegant würde M. ihr herunterhelfen wie von einem Pferd. Sie lächelte und willigte ein.

Zu Beginn der 11. Klasse kam ich aufs Internat. Auch meine beiden älteren Geschwister wurden zu Heimschülern, denn Vater wurde unerwartet beruflich rehabilitiert und war wieder im Predigtamt eingesetzt, mit eigenem Bezirk, im Westerwald. Nicht auszudenken, was gewesen wäre, hätten wir Kinder die Schule wechseln müssen, kaum, dass wir uns an die Marienhöhe gewöhnt hatten. Denn jetzt lautete unsere neue Heimatanschrift auf Rennerod, einem vergessenen kleinen Ort mit knapp 4.000 Einwohnern, nahe Limburg. Unsere Eltern zogen mit dem Jüngsten, der gerade in die vierte Klasse kam, dorthin, wünschten sich jedoch, dass wir, die Älteren weiterhin auf der Marienhöhe zur Schule gehen.

Das Geld fürs Internat hätten Sie niemals aufbringen können. Aber dank der damaligen SPD-Regierung, die Anfang der 70er das Bundesausbildungsförderungsgesetz verabschiedet hatte, waren wir unter den Ersten, die vom Schüler-Bafög profitiert haben.

Die Internatskosten betrugen 570 DM pro Schüler und Monat, bei voller Verpflegung. Mir blieben vom Bafög sogar noch 70 DM übrig für Schulsachen und Eintritte. Für alles Weitere – Kleidung und eigene Wünsche musste ich mir Geld in den Ferien dazuverdienen.

Zu dieser Zeit besuchten 420 Schüler die Marienhöhe, etwa 60 davon zählten, wie auch mein Bruder zu den Studierenden des theologischen Seminars. Unter den übrigen 360 Gymnasiasten befanden sich meine Schwester und ich, wobei die Internatsschüler mit zwei Drittel eine Mehrheit bildeten.

Das zehn Hektar große Schulgelände auf einer Lichtung mitten im Wald war jetzt auch mein neues Zuhause. Acht

Wohnheime, streng nach Jungen und Mädchen aufgeteilt, vier Unterrichtsgebäude, eine Großküche mit Speisesaal, das Verwaltungsgebäude, in der sich auch die Schulbibliothek befand, und schließlich die Turnhalle, die als Mehrzweckhalle diente, wo samstags regelmäßig Gottesdienste abgehalten wurden.

Das Leitbild der Schule, den Jugendlichen christliche Werte zu vermitteln und sie auf das Leben vorzubereiten, kam überall zur Anwendung. Nach amerikanischem Vorbild der self-supporting-schools, war auch auf der Marienhöhe die Mitarbeit der Internatsschüler nicht nur erwünscht, sondern Teil des Konzepts. Der so genannte Pflichtdienst, den jeder Heimschüler außerhalb der Unterrichtszeiten abzuleisten hatte, wurde von der Heimleitung bestimmt und wechselte im wöchentlichen Turnus. Es reichte vom Telefondienst über das Staubsaugen der Flure, das Reinigen der Gemeinschaftsbäder, der Großküche und des Speisesaales (das der eigenen Zimmer ohnehin), bis hin zum Rasenmähen der Aulawiese. Ausnahmslos hatte jeder Internatsschüler seinen Pflichtdienst täglich zu erledigen, den die Heimleitung kontrollierte. Das Konzept ging auf.

»Damit ist eine pädagogische Situation geschaffen, die viele erzieherische Möglichkeiten eröffnet« – erklärte Bruder Henning jedes Jahr anlässlich seiner Begrüßungsrede, wenn er die Neuen empfing. Dank dieser und noch weiterer innovativer Ansätze genoss die Marienhöhe einen sehr guten Ruf, im gesamten Bundesgebiet.

Das Zimmer, das ich beziehen durfte, kannte ich bereits. Es befand sich direkt über dem Haupteingang und bot mit seinen Fenstern zu zwei Seiten einen hervorragenden Überblick über die Aulawiese und den Eingangsbereich. Es war Mickys Zimmer. Ich hatte Glück, ich durfte bei meiner neuen Freundin einziehen. Das andere Mädchen, die Dritte im Bunde, war mir ebenfalls sympathisch. Und obwohl im Mädchenheim Strenge geboten war, denn Jungs durften nicht auf die Mädchenzimmer und umgekehrt, kam für mich das Internatsleben einem Befreiungsschlag gleich. Der gesteckte Rahmen bot immer noch genug Spielraum, sich zu erproben; wie es sich anfühlt, ein eigenes Leben zu führen. Es sollte der Auftakt zu einer aufregenden Zeit werden. Weit weg von der Enge des Elternhauses – von Mutters Belehrungen und den Streitigkeiten der Eltern.

Es war später Vormittag, und der Geruch von gebratenen Zwiebeln und etwas Künstlichem – etwas, das sie später als Sojageschnetzeltes auf ihrem Teller identifizieren würde, einem Fleischersatz das sie bis dahin nicht kannte, durchzog die Flure des Mädcheninternats. Sie war gerade dabei, Karton für Karton ihre Kleider, Schuhe und Schulsachen in den ersten Stock zu schleppen.

Endlich! – ein eigenes Zimmer. Voller Stolz schritt sie die Stufen der Wendeltreppe hinauf. Es passierte tatsächlich. Zum ersten Mal in ihrem Leben hatte sie etwas ganz für sich allein; ihr eigenes Reich. Zwar nur wenige Quadratmeter eines Dreierzimmers mit Bett, Schrank und Schreibtisch, aber es waren die ihren. Vorbei das Gezerre um nichts, um Lieblingsklamotten, um die leidige Bettdecke, stellte sie mit Genugtuung fest und dachte dabei an ihre große Schwester. Hoffentlich müsste sie nie wieder mit ihr das Bett teilen! Pipi war jetzt im Nebengebäude untergebracht, in einem Mansardenzimmer. Gut so.

Esther, alias Pipi. Jetzt wollte sie nur noch Esther genannt werden. Die Mutter hatte sie nach der biblischen Königin benannt, und auch Esther regierte gern. Früher herrschte sie über dem gemeinsamen Kleiderschrank, und so manches Mal herrschte sie auch das Mädchen an, wenn ihr etwas nicht passte. Warum? Warum konnten sie nicht wie zwei Freundinnen sein? Christine versuchte, zu begreifen. Seit frühesten Kindertagen begleitete sie stets das Gefühl, ihrer Schwester lästig zu sein. Früher, beim Autofahren, wenn ihr regelmäßig übel wurde, und ihr Kopf in den Kurven zur Seite und auf die Schulter der Schwester fiel.

Erst mit der Zeit, in den letzten Jahren in Reen, schien sich etwas zu verändern. Als sie beide das gleiche wollten – sich gegenseitig Alibis für ihr Rendezvous verschafften.

Anders, wenn es um ihren großen Bruder ging. Erhard war fürsorglich, und die kleine Schwester blickte zu ihm auf. Er war attraktiv und ganze 22 Jahre alt. Rasch hatten es seine Verehrerinnen raus, dass der Weg zu dem jungen Mann mit dem samtenen Blick über die jüngere Schwester führte. Diese war hellwach, was das betraf. Sie spürte genau, wenn eine andere sich dem Bruder näherte. Avancen dieser Art registrierte sie mit der Genauigkeit eines Seismografen – analysierte und wertete aus. Niemand durfte an ihren großen Bruder heran, ohne von ihr begutachtet zu werden. Als seine Beschützerin nahm sie sich dieses Recht einfach heraus.

»Hast du nicht bemerkt, wie G. dich anstarrt?« – fragte sie ihn eines Tages fast schon empört. G. hatte den Spitznamen »Sergeant«, und das nicht ohne Grund. Sergeant trug die Haare kurzgeschnitten und eine Nickelbrille. Stets lief sie im Stechschritt übers Gelände. Er könnte viel Hübschere haben, wusste die kleine Schwester.

»Lass' bloß die Finger von der« – platzte es aus ihr heraus, den bissigen Unterton konnte sie sich nicht verkneifen. Für ihren Geschmack war der Bruder zu weich, zu nachgiebig. Ihre Fürsorge nahm er amüsiert zur Kenntnis, es schien ihm zu imponieren, Ratschläge seiner kleinen Schwester anzunehmen, und er schmunzelte. Wenn es darauf ankam, da war sie sich sicher, würde er ihre Meinung nicht außer Acht lassen.

Auch in umgekehrter Richtung funktionierte die geschwisterliche Achtsamkeit. Noch immer schwärmte sie für B., hoffte auf ein Wunder, oder wenigstens auf ein Rendezvous mit ihm.

»Du, ich hab' gehört, dass er sich mit Haareschneiden etwas Geld dazuverdient« – platzte der Bruder eines Tages mit der Neuigkeit heraus.

Sie war wie elektrisiert. So eine Gelegenheit! Das durfte sie sich nicht entgehen lassen. Nichts leichter, als sich einen Termin bei B. zum Nachschneiden zu holen! Dem Rundschnitt á la Mireille-Mathieu, den sie trug, verpasste der Umschwärmte einen viel zu kurzen Pony, als es so weit war, mit unsauber geschnittenen Übergängen zu den Seiten hin, wie sie später vor dem Spiegel feststellen musste, aber das fand sie nicht schlimm. Haare wachsen nach, dachte sie. Wenigstens konnte sie ihm nahe sein, für eine kleine Ewigkeit. Nur das zählte.

August 1977.
Der Vater belädt das Auto, Geschenke über Geschenke, Nützliches und Besonderes, alles, was man in der alten Heimat nicht kaufen kann, findet sich im Kofferraum des Opel Rekord wieder. Schon beim Losfahren schleift das Heck fast auf dem Boden, auf den Rücksitzen haben jetzt auch noch die vier Kinder ihre Plätze eingenommen, fiebern der Reise in die Heimat entgegen, kauen ihre Aufregung in ihre Kaugummis – ein großes Wiedersehen steht bevor.

Zweitausend Kilometer, sagt der Vater, das sind unzählig viele. Am Fenster ziehen Wiesen und Wälder vorbei, Varianten von Grün vor blauem Horizont, bis die Augen ermüden, zufallen. Wenig Zeit, um Rast zu halten, sie essen belegte Brote und halten die Pausen knapp, bald sind wir an der Grenze, ermuntert der Vater, denn später, beim Anblick der uniformierten Soldaten werden sie noch lange genug warten – Zeit haben.

Aussteigen! – befehlen die Grenzsoldaten, prüfen die Gesichter und die Papiere, dann wird der Inhalt des Kofferraums zerpflückt, untersucht. Das Filzen, wie Vater dazu sagt, dauert den halben Tag. Am Ende wandern die Dinge wieder zurück, sämtliche Taschen und Koffer durchwühlt, manches fehlt, wurde konfisziert. Angsteinflößend, diese starren Gesichter. Die Waffen, die unfreundlichen Worte.

Weiter! weiter! – winken sie den Vater durch, er soll endlich weiterfahren, und er gehorcht, fährt zur Straße, die in die Heimat führt.

Dort finden sie alles beim Alten. Der Hund rennt – springt ihnen entgegen, die Alten weinen Tränen der Freude, wie geht's euch, Kinder, fragt Großtata, während Minitante das Mahl herrichtet, wie ist es in der neuen Heimat, will Emmchen wissen, und die Worte fließen mit den Tränen um die Wette.

Der Garten – der Gartenzaun mit der heruntergetretenen Stelle. Einziger Zeuge ihrer kleinen Fluchten von einst, das frühe Aufbäumen gegen den Gehorsam, nicht länger wollte sie ein Zaungast sein, drüben warten die Freunde, wartet das Leben. Es ist alles noch da, im Gras liegen wie immer die überreifen Birnen, in der Wärme verteilt sich ihr Duft, während sie vor sich hin gären, ein Lockruf für Wespen und Ameisen – die Insekten feiern ein Fest. Ihre Zeit ist gekommen.

Sie streift ihre Sandalen über, um ja nicht in eine Wespe zu treten. Genug der Melancholie – der Schmerzen. Versuch, dich zu beruhigen, es ist alles noch da. Und doch fühlt sie sich fremd, ein Eindringling im eigenen Heim, sammelt Himbeeren in einer Tasse, mit Zucker verrührt schmecken sie am besten, doch die Vertrautheit will sich nicht einstellen, dabei war es bisher jeden Sommer so, nur jetzt schmeckt alles anders.

Wieder zurück aus dem Garten, läuft sie barfuß über das Kopfsteinpflaster, wie sie das früher immer getan hat, nur sind die Katzenköpfe jetzt aufgeheizt, ihre Buckel bohren sich brennend heiß in ihre Fußsohlen, einer nach dem anderen, warum nur ist das so ungewohnt – so schmerzhaft. Stell dich nicht so an, hört sie den Vater von der Veranda rufen, Barfußlaufen ist gesund.

Vor dem Haus findet sie im Schatten des Nussbaumes Abkühlung und auch ihr Lieblingsversteck von früher wieder – die kreisrunde Buchsbaumhecke. Sie hockt sich hinein und wartet, doch kein Kind ist zu hören, kein Abzählreim, niemand ruft, ich komme, und so gibt sie ihr Versteck auf, das Spiel ist vorbei. Nichts lässt sich festhalten, wird ihr bewusst, alles entzieht sich ihrer Umarmung.

Die Freundinnen. Marianna, Matilda, Dana – sie eilen herbei. Die Nachricht vom Besuch aus Deutschland breitet sich aus wie ein Lauffeuer, auch die Nachbarin kommt vorbei, hat für den Besuch aus Deutschland ihre beliebten Wespennester gebacken, mit Walnüssen aus dem eigenen Garten – die Wiedersehensfreude ist groß. Sie sagt, der Junge ist schon wieder durchgefallen, und meint den Sohn, ihr Laci hat gute Noten, will Apotheker werden, aber die Aufnahmeprüfung scheint besonders schwer, vor allem für Ungaren und Deutsche, kaum zu bestehen, die Prüfungskommission lässt ihn regelmäßig antreten – Jahr für Jahr. Wie soll das nur weitergehen. Jetzt ist er schon über dreißig. Frau Reichenbergers Wespennester schmecken köstlich, darunter mischt sich Bitterkeit und Verzweiflung, die sie mit allen teilt, was soll man auch bloß anderes tun, als sich gegenseitig zu trösten.

Später streift das Mädchen die Neugasse entlang, ihren alten Schulweg noch einmal begehen, steht ihre Schule noch da, fragt sie sich, und am schmiedeeisernen Tor hält sie inne. Dort standen jeden Morgen ihre Bewacher, wie Gefängniswärter kontrollierten sie ihr Äußeres und auch ihr Leben, jetzt gähnt ihr der leere Schulhof entgegen, verschlossen hinter Gittern, soll doch alles dortbleiben, wo es ist, hinter dem Vorhängeschloss.

Wie ausgestorben scheinen auch die umliegenden Villen zu sein, alte Sehnsüchte werden wach, doch ist niemand zu sehen, wo findet nur das Leben statt.

Die große Konditorei am Hauptplatz mit den besten Sawarins der Stadt ist ihr nächstes Ziel, sonntags herrscht dort reges Treiben, aber dann ist ihr doch alles zu viel. Zu viele Menschen. Es zieht sie zu ihrem Stammcafé am Rande der Stadt, sicher wird sie dort ihre Freunde treffen. Sicher sitzen sie immer noch da, wie damals, trinken Kaffee und blasen den Rauch ihrer Zigaretten in Kringeln in die Luft, bis die Augen tränen. Aber heute scheinen sie noch nicht da zu sein – oder schon wieder weg, die schwarzen Kunstlederwürfel sind leer, ein junger Mann räumt Colaflaschen in den Kühlschrank, vielleicht ist es noch zu früh, sie hatte sich zu früh gefreut. Kein Wiedersehen also, vorläufig nicht.

Ihre Sinne sind hellwach, während die Füße sie automatisch weitertragen, Schritt für Schritt läuft sie bekannte Wege quer durch die Stadt, die Kunstschule wird geschlossen sein, sie wird sich wohl mit einer Außenansicht begnügen müssen, es zieht sie dorthin. Ihr Blick nimmt Maß von dem Ort, wo alles begann – ihr eigentliches Leben, das lebenswerte. Wie eine Getriebene drängt sie vorwärts. Alles vermessen – verorten – inventarisieren. Meilensteine ihres Lebens, ihrer Erinnerung. Am liebsten würde sie alles einwecken – mitnehmen. In Gläsern konserviert, wie Minitantes Hetschenpätsch. Oder ihre Zwetschgenmarmelade. Doch sie ahnt gar nicht: Sie hat längst alles dabei. Alles Erlebte – Bilder, Erinnerungen, sind vollständig gespeichert. In ihrem Kopf, in ihrer Seele. In jeder Körperzelle. Ihr Erbe, das sie ihren Nachkommen vermachen wird, eines Tages, anstatt Haus und Garten.

Wie verändert scheinen ihr die Menschen, die ihr auf der Straße begegnen. Gebeugt und mit hängenden Schultern, wie unter einer schweren Last, als hätten Kummer und Sorgen sie allesamt uniformiert – ihnen die Hoffnungslosigkeit ins Gesicht geschrieben, den leeren Blick aufgesetzt. Dabei ist niemand gestorben. Höchstens den Frohsinn haben sie zu Grabe getragen, denkt sie, im Kollektiv, wie das hier üblich ist, und beim Anblick der Fahnen am Hauptplatz verfinstert sich alles …

Ihr ist schlecht, aber sie kann sich den Grund ihrer Übelkeit nicht erklären, und auf der Höhe des Kulturpalastes beginnt sie zu schluchzen – zu weinen. Vergießt Tränen ohne Grund, ein Damm ist gebrochen. Vergessenes bahnt sich den Weg nach oben, auch Unlust, die Vergangenheit lässt sich nicht abschütteln – leugnen. Gerade jetzt spürt sie den Abschied, mehr denn je. Jetzt, im Moment des Wiedersehens. Sie selbst hat die Geister der Vergangenheit heraufbeschworen. Nun sind sie da, fordern sie heraus, und die Tränen wollen nicht enden.

Dann, nach einiger Zeit, löst sich der Krampf, der ihren Körper durchgerüttelt hat. Sie blickt an sich herab – die schönen Kleider und Schuhe aus Deutschland – wie lange waren sie ihr heiß ersehnt. Jetzt sind sie nicht mehr von Bedeutung, unwichtig, angesichts des Verlorenen. Kaum etwas wird diese Leere je füllen, die sie jetzt verspürt.

Zuhause. Wo ist das?
Hier jedenfalls nicht. Nicht mehr. Bald werden Großtata und Minitante erloschen sein, irgendwann auch Emmchen. Wer wird dann das Paradies ihrer Kindheit verteidigen, das große Grundstück mitsamt dem Garten. Alles wird platt gemacht, zugepflastert. Künftig werden dort Wohnblocks entstehen, Wohnsilos mit ungeliebten Menschen darin, die ihren ungelebten Träumen bis an ihr Lebensende nachtrauern. Nur sie – sie wird es nicht. Sie wird nicht mit hängenden Schultern durchs Leben gehen, wird nicht an Hoffnungslosigkeit verenden.

Den Blick nach innen gerichtet, sieht sie alles ganz deutlich. Was sie jetzt braucht, ist ein neues Leben. Am Ende der Reise steht ihr Entschluss fest. So schnell wird sie nicht zurückkehren. Wie könnte sie auch. Wie könnte sie es länger ertragen. Wieder und wieder den stillen Vorwurf in den Gesichtern lesen. Derer, die es nicht hinübergeschafft haben. Der Insassen – der Mithäftlinge. Dir ist die Flucht gelungen, sagt ihr Blick, mach' was draus. Was willst du noch hier.

Das ist es …
Das ist die Rache des Karpfens.

Jetzt bekommt sie zu spüren, wie es ist, der gewohnten Umgebung entrissen zu sein. Sie windet sich im Hier und Jetzt, wie der hilflose Fisch von einst in ihren Händen, als er die Klinge des Messers zu spüren bekam, als er um seine Freiheit rang, und am Ende alles verlor.

Sein Leben.

Doch sie …

Sie hat noch das ihre. Nur hat sie die Orientierung verloren. Irrt umher, ist weder im Wasser noch an Land zuhause, und die Luft wird knapp. Noch ringt sie mit dem Vertrauten, dem Verlorenen, was sich ihr mehr und mehr entzieht, denn es lässt sich kaum mit dem Neubeginn vereinbaren, ihrem Leben in Freiheit, so scheint es ihr.

Sie wird …
nicht mehr zurückkehren.
Erst braucht sie ein neues Leben.

Eines, das nur ihr gehört, in dem sie Regie führt und die Dramaturgie bestimmt, Szene für Szene. Bis sie schließlich die Bühne betritt, als Hauptfigur im eigenen Stück. Nichts kann sie mehr daran hindern …

Doch wird sie die Gleiche bleiben. Eine, die ihren Träumen folgt, als könnten sie real werden, sich auf unbekannten Pfaden vorwärts tastend, Stück für Stück. Und sie wird es wagen, Fragen zu stellen, auch unbequeme, wer bin ich denn? – und wird Antworten erhalten. Sie wird sich verändern. Sich häuten, wie eine Schlange, unzählige Male Altes abstreifen und Neues anlegen, manches wird sie behalten und anderes verwerfen – sich verwandeln. Bis sie zu ahnen beginnt, wer sie in Wirklichkeit ist. Sie wird mit sich ringen und dabei wachsen, denn nichts widerstrebt ihr so sehr, wie der Stillstand. Anpassen, nur so weit wie nötig, das hat sie lange genug geübt, doch wird sie niemals blind gehorchen. Freiheit! – ihr höchstes Gut. Neuland, das verteidigt werden will, ihr neues Heimatland.

Endlich gehört sie dazu. Ist nicht mehr bloß Zaungast. Sie sucht Halt und wird ihn finden, und heiraten. Mit knapp zwanzig Jahren, gleich nach dem Abitur wird sie eine Familie gründen. Das eigene Kind soll es einmal besser haben. Wieder so ein Wunsch, den sie sich selbst erfüllt, denn sie wird ihre Tochter freiheitlich und zur Eigenständigkeit erziehen. Das stimmt sie versöhnlich mit dem Gestern. Und anstatt sich zu ängstigen, wie ihre eigene Mutter es tat, wird der Nachwuchs schwimmen lernen, so früh wie möglich! Noch vor dem Kindergarten wird die Dreijährige das Seepferdchen-Abzeichen auf dem Badeanzug tragen.

Und sie? Sie wird sich verschwenden. Andere Menschen um sich scharen, Familie und Freunde werden umsorgt – verwöhnt – bekocht, wie auch der eigene Ehemann. Diesen wird sie durch lange Studienjahre begleiten, und dabei zurückstecken. Die eigenen Pläne müssen warten. Sie wird ihn unterstützen, sein langes Maschinenbaustudium mitfinanzieren, und eigens dafür eine Ausbildung zur Arzthelferin abschließen. Nur so kann sie zum Familieneinkommen beitragen.

Später. Später wird sie alles nachholen, tröstet sie sich, und auch er beteuert seine Unterstützung für die Zukunft. Sie ist schließlich noch jung, hat reichlich Zeit, und wenn er sein Studium erst einmal beendet hat, wird alles leichter.

Später …
kommt alles anders.

Die Ehe wird scheitern. Kein schöner Auftakt zum Studienbeginn, dass sie getrennte Wege gehen, von einem Tag auf den anderen wird sie zur alleinerziehenden Mutter und Studentin zugleich. Doch sie gibt nicht auf. Sie muss weitermachen – sie will. Das bist du dir schuldig, befiehlt ihr anderes ich, und nach fünf intensiven Jahren wird sie ihr Ziel erreichen. Doch werden Geldmangel und andere Widrigkeiten zu ihren ständigen Begleitern. Mit Nebenjobs wird sie sich über Wasser halten, sich und ihr Kind durchbringen, ihr Studium meistern. Trotz allem werden ihre Kräfte nicht schwinden, im Gegenteil. Sie verfügt über ungeahnte Reserven, ein Wunder, woher diese stammen, ihr selbst ist es ein Rätsel – sie erntet überall Staunen.

Denn am Ende – am Ende werden ihre Mühen belohnt. Sie schließt ihr Studium mit »sehr gut« ab, als Kunsthistorikerin ist sie unter den zehn Besten ihrer Fakultät. Und auch der berufliche Erfolg lässt nicht lange auf sich warten, worum sie viele beneiden. Nach ihrem Magisterabschluss wird sie neue Wege beschreiten. Der

Journalismus wird ihr zur beruflichen Heimat, sie wird hauptberuflich schreiben. Niemals hätte sie das von sich gedacht, davon zu träumen gewagt. Und dann – dann ist es auf einmal Wirklichkeit. Sie fühlt sich reich beschenkt – in ihrem Element, kann ihr Glück kaum fassen. So viele interessante Menschen, die ihr unterwegs begegnen, so viele schöne Themen. Sie kann ihre Neugier füttern, nach Lust und Laune ihr Wissen erweitern, mit anderen teilen.

Sie wird
Freude daran haben.
Sich treu sein.
Nie aufgeben, auch mal verlieren.
Empfindsam und verletzlich,
biegsam, ohne sich zu verbiegen.
Offen –
wachsam –
neugierig bleiben.
Sie wird
selbstbestimmt leben.

Ankommen.